国連 PKO と国際政治

―理論と実践―

石塚勝美［著］

創 成 社

はじめに

　国際平和維持活動（Peacekeeping Operations）は，わが国日本では PKO として親しまれている。特に国際連合（以下国連とする）による平和維持活動，いわゆる「国連 PKO」は，ブルーヘルメットともいわれ，1948 年にパレスチナにおける休戦監視を主要任務とした国連休戦監視機構（UNTSO）以来，2011年 1 月現在まで 65 もの PKO ミッションを設立している。その国連 PKO 要員は現在 10 万人を超え，その年間予算もおよそ 70 億ドルにも達し，国連 PKO は国連の主要活動のひとつである。

　日本人の国連 PKO への関心は，日本の 1991 年の湾岸戦争での対応に対しての世界の評価からはじまったといえる。同戦争に対して，日本は 120 億ドルもの資金援助をアメリカ主導の多国籍軍に提供したにもかかわらず，実際に要員を送らないというこの日本外交は，国際社会から批判を受け，特にアメリカのベーカー元国務長官から「小切手外交」と批判を受けた。それを契機に，日本は法的な整備を行い国連 PKO に積極的な参加を果たしている。日本の自衛隊は，国連 PKO に参加をするためにカンボジア，モザンビーク，ルワンダ，ゴラン高原，東ティモール，ハイチ等に派遣され，彼らの現地での活躍はメディアを通して日本人に広く知れわたっているのは周知の通りである。

　しかし日本人にとって PKO は馴染みがあっても，その歴史や詳細な活動内容を知っている人は少ないのではないであろうか。1992 年の国連カンボジア暫定統治機構（UNTAC）では，日本人の文民警察官とボランティアの方が犠牲になり，そのことにより「PKO は常に戦争の真っ只中で活動しているとても危険なミッションである」というイメージが少なからず日本人の意識のなかにあるように思われる。また PKO を組織するのは，多くの場合国連であり，国連が PKO に要員を送る派遣国に対して，威圧的・強制的に要員を派遣させ

ているイメージももつことも多い。そして国連加盟国も，「我々は国連の一員なのだからそれも仕方あるまい。そして多少の犠牲が出てもそれは国際平和のためだから仕方あるまい」と考えているようなイメージをもつものもいる。果たしてそうなのであろうか。

　国連 PKO は，国際安全保障体制を維持していくために現在では不可欠な活動であることはいうまでもない。しかしその活動は，昨今イラクやアフガニスタンでみられるようなアメリカ主導の多国籍軍とはまったく異なるものである。本章でも述べるが，国連 PKO は，「当事国の合意」「活動の中立」「最小限での武装」を基本原則とした活動で，強制力をともなった威圧的で攻撃的な活動ではない。また国連 PKO に貢献する国家は，国際平和に対して使命感をもって参加するのも事実であろうが，それ以上に国連 PKO に参加することはそれ自身に前向きな理由があり，「国益」を考えての参加であることも忘れてはならない。

　筆者と国連 PKO とのつながりに関しては，筆者は東ティモールの PKO (UNTAET, UNMISET, UNMIT 等)をはじめとする国連 PKO の現場に数多く足を運んだ経験がある。東ティモールでは，アイルランド隊に合流してパトロールの経験をさせていただいた。また国連 PKO に要員を派遣する貢献国の関係政府役員ともインタビューを数多く実施し，派遣国の PKO 政策についても研究してきた。一方で筆者は日本の私立大学で国際関係論を教えている教員である。その国際関係論の最初の講義では，国際関係や国際政治の基礎理論を学ぶことが多い。そしてその基礎理論のなかで代表的なものは，現実主義と理想主義である。

　現実主義とは，文字通り世の中で実際に起こっている事象を現実のものとしてとらえている。その現実というものは，絶え間ない争いごとであり，国家同士の衝突である。それは世の中が自己中心的な考えが支配しているからであるという。現実主義者は，そのような争いや戦争は避けられないものであると考え，よって国家にとってまず重要なことは国を強くすることということになる。国際社会や他国を信用できない以上，国家は常に自国の利益の上がること，つ

まり国益の追求を重要視することになる。

　一方理想主義とは，現実主義のような悲観的な考えではなく，むしろ楽観的である。国家や国際社会のアクター間においては，相互信頼のなかでの秩序が保たれている，もし現在保たれていなくても国家は「学習」する能力があるので，いずれは秩序が保たれるであろうという考え方である。また国家のみが主役であるとは考えず，国際機関，地域機関，または国民という個人も主役になり得るという考え方である。よって理想主義では，国益のみならず個人益も重要視される。

　本書『国連 PKO と国際政治―理論と実践―』では，国連 PKO を国際政治の理論に組み入れることを試みる。国連 PKO も国際関係学においては，国連安全保障や国際機構，さらには国際平和の分野において重要な組織として位置づけられている。つまり国連 PKO は，国際政治の分野にも密接に関係しており，よって国連 PKO も国際政治理論のなかでさまざまに解釈されうるものである。

　本書『国連 PKO と国際政治―理論と実践―』は 2 部構成である。第 1 部は，国際政治理論に焦点を当てていく。第 1 章「国際政治理論の基礎」においては，まず国際政治や国際関係の学問で登場するものたち，いわゆる「アクター」の紹介をする。これらの主役たちの行動を注視せずして国際政治は語れないのである。また本章での重要なテーマである，国際政治理論の主要理論の現実主義と理想主義について詳しく説明していく。本章において現実主義と理想主義がまったく相反する主義であることが理解できる。第 2 章「国際政治理論の具体例」では，前章であげた現実主義と理想主義が，国際社会のなかで顕著に示されている例をそれぞれ 2 つずつ紹介している。これらの具体的なケースを知ることにより現実主義と理想主義の理解が一層深まると考えられる。

　本書の第 2 部では，国連 PKO をさまざまな角度からアプローチする。第 3 章「国際連合の基礎知識：「理想主義の理想」を目指して」においては，国連がどのような背景で誕生したのか，国連にはどのような諸機関があるのか，また国連の法的根拠である国連憲章とは何かについて説明していく。長年 PKO

について研究しPKOの現場での現地調査にも携わってきた筆者が，本書を執筆するにあたっての動機づけのひとつに「日本の方々に国連PKOの本当の姿を知ってもらいたい」という思いがある。「PKOはどのような背景で作られたのか」「PKOのどのような原則やコンセンサスに基づいて活動されているのか」「国際社会はこれまでのPKOに対してどのような課題点を指摘し，評価を与えてきたのか」「PKO貢献国は，どのような立場からその派遣を決定しているのか」このような疑問に対して，第4章「PKOの歴史と課題点の変遷」そして第5章「PKOと貢献国との積極的な関係：現実主義のさまざまな形態」において対応している。第4章では，国連PKOそのものについての詳細な説明が凝縮されている。PKO誕生の背景，PKOの基本概念，そしてPKOのもつ課題点をその歴史と共に追っていくこととなる。これは筆者が長年PKOについての書籍，論文，さらに新聞を用いて研究してきた部分の核になるものである。よって本書のなかで本章のボリュームが一番多い。第5章は，PKOと国益について触れ，PKO貢献国のさまざまな参加理由を現実主義的なアプローチをベースにしながら，いくつかのカテゴリーに分類して分析していく。第6章「日本のPKO政策：現実主義と理想主義の融合の必要性」では，第5章のPKOの貢献国からのアプローチの延長として，貢献国として我が国日本をケースとして取り上げていく。具体的には，日本のPKOへの参加決定の背景，日本人要員のPKO活動における現場での実務的な問題点，さらには現在の日本におけるPKO政策について焦点を当てる。

　国連が国際平和のために積極的にかかわっていく活動は，PKOという「平和を維持」することだけではなく，「平和を作る」もしくは長い年月をかけて「平和を構築していく」という活動も要求されてきた。ポスト冷戦期に派遣された国連PKOは，カンボジア，ソマリア，アンゴラ，ルワンダ，シエラレオーネ，ルワンダ，旧ユーゴスラビアといった，いわゆる"failed states（失敗国）"への派遣である。すなわち民族や宗教の違いによって1国内が紛争に巻き込まれ，遂に国家が実質上崩壊してしまった状態のところに国連が関与していくことが，ポスト冷戦期の主な国連ミッションである。よってPKOは，

peacekeeping（平和維持）から peace-building（平和構築）へと移行していったといえる。この平和構築活動は，単なる軍人の平和監視活動のみではなくなり，一般市民（文民）が参加するような選挙監視，人権擁護，人道援助（物資の供給）や警察官の派遣等も含まれるようになった。またポスト冷戦期は国家の安全保障のみならず「人間の安全保障」という概念が打ち出されており，紛争後において，理想主義に基づいた一般の人々に対する直接的な援助活動が重視されたことも平和構築の需要が高まった理由でもある。最終第7章「平和維持活動（peacekeeping）から平和構築（peace-building）へ：人的側面を尊重した理想主義への取り組み」では現在における平和構築に関する詳細な説明と問題点について扱っている。

　本書の参考資料の多くに関して，1950年代から現在に至るまでの国連PKOに関するさまざまな学術誌および新聞等を中心に参考資料として活用した。加えて，国連官僚，PKO当局者，PKO軍人，NGO職員，学術者，地方メディア，その他公文書も参考とした。また学術誌の多くは，アメリカ合衆国およびイギリスで入手，あるいは送付していただいた。またインターネットからの情報も少量であるが活用した。

　最後に本書は『国連PKOと平和構築』（創成社，2008年）の改題改訂版として出版されるため『国連PKOと平和構築』と内容が重複する部分があることをここに記する。

2011年3月

石塚勝美

目　次

はじめに

第1部　国際政治理論について

第1章　国際政治理論の基礎 ─────── 3
　1-1　国際政治におけるアクターとは 3
　1-2　国際政治における現実主義と理想主義 6
　　1-2-1　現実主義（Realism）　6
　　1-2-2　理想主義（Liberalism）　8
　　1-2-3　現実主義か？　理想主義か？　10

第2章　国際政治理論の具体例 ─────── 13
　2-1　「囚人のジレンマ」と核兵器による軍拡競争：
　　　　現実主義のケース① 13
　　2-1-1　「囚人のジレンマ」とは　13
　　2-1-2　国家間の軍拡競争における「囚人のジレンマ」
　　　　　　の適用　15
　2-2　アメリカの国際紛争介入政策：
　　　　現実主義のケース② 23
　2-3　ヨーロッパにおける地域統合：
　　　　理想主義のケース① 31
　2-4　「人間の安全保障」，「人道的介入」と
　　　　「保護する責任」：理想主義のケース② 36

第2部　国連 PKO へのアプローチ

第3章　国際連合の基礎知識：「理想主義の理想」を目指して ———— 49
- 3 − 1　国際連合の誕生 ………… 49
- 3 − 2　国際連合の諸機関 ………… 52
- 3 − 3　国連憲章（UN Charter） ………… 58

第4章　PKO の歴史と課題点の変遷 ———— 66
- 4 − 1　PKO の誕生 ………… 66
  - 4 − 1 − 1　国連の集団安全保障体制の限界　66
  - 4 − 1 − 2　ピアソン，ハマショールド，そして1956年の最初の平和維持軍　70
- 4 − 2　PKO とその理想主義的な特性 ………… 73
  - 4 − 2 − 1　PKO の概念　73
  - 4 − 2 − 2　PKO の目的，活動内容，そしてその効果　76
  - 4 − 2 − 3　筆者の PKO 視察およびパトロールの体験から　78
- 4 − 3　冷戦期の PKO に関するさまざまな課題点 … 81
  - 4 − 3 − 1　冷戦期の PKO 問題その1 ── PKO は万能薬か？　81
  - 4 − 3 − 2　冷戦期の PKO 問題その2 ── PKO の機能性に問題はあるのか？　84
  - 4 − 3 − 3　冷戦期の PKO 問題その3 ── PKO の国際的コンセンサスの欠如：西側諸国の活動としての PKO　85
- 4 − 4　ポスト冷戦期の PKO に関するさまざまな課題点 ………… 88
  - 4 − 4 − 1　ポスト冷戦期の PKO の特徴　88
  - 4 − 4 − 2　ポスト冷戦期の PKO 問題その1 ── 平和執行部隊の問題について　90
  - 4 − 4 − 3　ポスト冷戦期の PKO 問題その2 ── 国連の信用性の欠如と地域機構との関係　93

　　　　4－4－4　ポスト冷戦期のPKO問題その3
　　　　　　　　——9.11テロ事件後のPKOについて　97
　　4－5　現代のPKOの問題点：過剰展開と出身派遣国
　　　　　のバランスの欠如……………………………………… 100
　　4－6　結　論………………………………………………… 105

第5章　PKOと貢献国との積極的な関係：現実主義の さまざまな形態―――――――――――――――― 114
　　5－1　導　入………………………………………… 114
　　5－2　国際的要因：一般的外交政策として………… 117
　　　　5－2－1　ミドルパワー（中堅国家）のPKOにおける役割：
　　　　　　　　カナダのケース　117
　　　　5－2－2　中立国家のPKOにおける役割：
　　　　　　　　オーストリアのケース　119
　　　　5－2－3　国際社会の安定を目指す超大国のPKO政策：
　　　　　　　　アメリカのケース　120
　　　　5－2－4　小規模国家のPKO政策：マレーシアのケース　124
　　5－3　国際的要因：特定の外交政策として………… 126
　　　　5－3－1　受け入れ国家との共通性　126
　　　　5－3－2　自国の安全保障に関連して　127
　　　　5－3－3　大国の「裏庭地域」の安全保障のために　128
　　　　5－3－4　ロシアから独立した外交政策を目指して：
　　　　　　　　東欧諸国ポーランドのケース　128
　　　　5－3－5　国連安全保障理事会の常任理事国入りを視野に入れて：
　　　　　　　　ドイツのケース　129
　　　　5－3－6　特定地域に関する利害と安全保障の責任感から　130
　　　　5－3－7　自国から就任している国連事務総長を支持する
　　　　　　　　ために　131
　　　　5－3－8　近隣国とのライバル意識から　132
　　5－4　国内的要因………………………………………… 133
　　　　5－4－1　政治的要因　133
　　　　5－4－2　財政的要因　134
　　　　5－4－3　軍事的要因　135

5－5　結　論………………………………………… 136

第6章　日本のPKO政策：現実主義と理想主義の融合の
　　　　必要性――――――――――――――――――― 140
　　　6－1　導　入………………………………………… 140
　　　6－2　日本のPKO政策の起源 ………………………… 141
　　　6－3　日本人要員のPKO参加による実務的な問題：
　　　　　　現実主義政策の限界………………………………… 145
　　　6－4　現在の日本のPKO政策 ………………………… 149
　　　　　6－4－1　9.11テロ後の日本の国連PKOへの対応　149
　　　　　6－4－2　現在の日本PKO派遣に対する国益　150
　　　　　6－4－3　災害救援という新たなPKO任務　151
　　　　　6－4－4　平和安全法制の整備とPKO法の改正　153
　　　6－5　結　論………………………………………… 154

第7章　平和維持活動（peacekeeping）から平和構築
　　　　（peace-building）へ：人的側面を尊重した
　　　　理想主義への取り組み――――――――――――― 157
　　　7－1　導　入………………………………………… 157
　　　7－2　国連による平和構築ミッションの正当性…… 162
　　　7－3　国連平和構築における諸問題………………… 166
　　　　　7－3－1　オーナーシップの問題　166
　　　　　7－3－2　供給者側主導の援助の問題　171
　　　　　7－3－3　司法と信頼醸成　175
　　　7－4　結　論………………………………………… 179

おわりに　185
省略形一覧　191
参考文献　197
索　引　205

第 1 部

国際政治理論について

東ティモールにおける国連 PKO 兵士／筆者撮影

第 1 章
国際政治理論の基礎

1－1 国際政治におけるアクターとは

　国際政治，あるいは国際関係という学問において「アクター（actor）」という言葉が多く用いられる。通常"actor"という英単語は映画や舞台やテレビに登場する「俳優」というように考えられるが，ここでいう「アクター」も，文字通りに「国際政治という舞台に登場するさまざまな役者たち」ということになる。

　それでは国際政治に影響を与えるアクターとはどのようなものであろうか。まずあげられるのは「国家」である。国際社会における「国家」の重要性は，1648年のヨーロッパにおけるウェストファリア条約の締結にさかのぼる。この条約が締結される以前のヨーロッパは，「キリスト教を信仰する皇帝によって統一されたヨーロッパ」であった。それが宗教戦争（30年戦争）をもたらす無益な統治構造であるという反省から「国家に分断された世界」を認め，そのような国家の政策や決断こそが尊重されるべきであるという認識が現在に至っている[1]。このような「国家主権」の優位性は，国際連合の総会等では，各国に平等に与えられた基調演説や「1国1票」の投票方式等で反映されている。しかしながら他方では「国家主権」の原則は「内政不干渉」のという別の原則に結びつき，その結果，たとえばある国家内の政治家による明白で著しい人権侵害等の行為が，外部より干渉されることなく放置されざるを得ないこともあり得る。

国際政治に影響を与える一番主流なアクターが「国家」であれば，その国家を動かす「個人」も重要なアクターである。その「個人」の代表格である者たちが「政治家」「外交官」その他「国家官僚」である。リンカーン，ヒットラー，毛沢東など，歴史上にはさまざまな「政治家」や「独裁者」が国内そして国際政治に影響を与えたものとして広く知られている。また後述するが，現在国連の財政上最大規模を誇る国連平和維持活動（PKO）は，1956年当時のカナダの外相であるレスター・ピアソンの独自の決断とその後の尽力なしでは設立すらなかったであろうといわれている。アメリカのような超大国ではなく，カナダのような中堅国家の一政治家が，その後の国際安全保障のための重要組織（PKO）を構築したことは大変意義深い。

　次に国際政治に影響を与えるアクターとして忘れてはならないものは「国際機構」や「地域機構」と呼ばれているものである。国際機構としては，上述している国際連合がまずあげられる。それまでの国際連盟の不成功を反省として[2]，国際連合は1945年世界の平和と安全の維持を目的として設立され，現在193の加盟国を誇る。また国際連合の設立の時期を等しくして，第2次世界大戦後の疲弊した世界経済・金融体制を復興するために設立された国際通貨基金（IMF），東西冷戦終了後において貿易の自由化をさらに強化するために設立された世界貿易機関（WTO）等もこれにあたる。地域機構としては，ヨーロッパの経済のみならず，政治外交や安全保障の分野においても統一構造の構築を目的とするヨーロッパ連合（EU）や，ポスト冷戦期においても欧米およびこれらの国家に影響を与える地域の安全を維持するために維持されている軍事同盟の北大西洋条約機構（NATO）等があげられる。

　また国際秩序の構築や維持のために現在不可欠なものして非政府組織，いわゆるNGOがあげられる。NGOは，紛争地域においては，国連PKOの設立・開始以前より現地で活動を始め，国連の平和活動が展開中においては，国連の「請け負い組織」としてまた地域住民と直接かかわる「草の根活動者」としてその役割を発揮する。そして国連撤退後も現地に残り活動を継続するNGOも多い。医療NGOとして広く知られている「国境なき医師団」は，世界各地で

発生した災害や紛争に迅速に対応し，その実績が大きく評価され1999年にノーベル平和賞を受賞している。このNGOの規模はさまざまで，大きなものは国際会議のオブザーバーとして参加し，また情報を提供したり，ときには大国の政策を批判したりすることにより国際政治に大きな影響を与える。

また現代社会において，メディアの国際政治に対する影響も大きい。ポスト冷戦期の現在ではマスメディアが戦場にて活動することも認められており，メディアが提供する戦場や紛争地域の映像や情報が，政治家や世論に多大な影響を与えているといわれている。また政治家や特定の政治団体が，それぞれの政治的野心や政策を実行させるためにメディアを利用することも多々ある。たとえば，1994年のルワンダ内戦においてもフツ族系政府および同系武装集団がメディア（ラジオ）を利用して100万人にもおよぶツチ族への大虐殺を実行したことはよく知られている。よって昨今国際政治学や国際関係学においてこの「メディア研究」というものが大きな注目を得ている。

2001年のアメリカ合衆国で発生したいわゆる「同時多発テロ事件」以降，国際社会における国際テロリストに対する注目が深まった。その後，アメリカ合衆国の国益や安全保障を脅かすとみられた国家は当時のブッシュ大統領より「テロ国家」と指定された。また一宗教の過激団体も「テロリスト集団」とみなされることが多く，「テロリスト」の定義が不明確になってきている。しかしこのテロリズムが国際政治を大きく影響を与えていることは明白である。同様に「国際政治の影響を与える団体」として「麻薬ディーラー」や「不法移民」等もあげることができよう。たとえば，アフガニスタンにおいて過激派武装集団であるタリバンの資金源は「けし（麻薬）」の栽培であり，アフガニスタンにおける「けし」の流通に関する経済規模は，国家経済全体の40％から60％を占めるといわれている[3]。

「国際政治の影響を与える団体」として別の見地からアメリカのCIAやロシアのKGBといった国営の情報機関もあげられるであろう。映画「007シリーズ」でみるような派手な行動とはいかなくとも，このような情報機関が国家の政策に与える影響は決して過小評価されるべきではないと考えられる。

最後に重要な「国際政治に影響を与えるアクター」として「一般国民」をあげることができよう。国民の個々のレベルでの国際社会における影響というものは大きくないであろう。しかし国民が結集した世論というものに政治家や政策立案者たちは敏感に反応する。この世論を具体的に把握できるものとして「世論調査」の結果が有効である。たとえば，わが国の国連 PKO の参加に対する世論調査の結果は常に前向きであり肯定的である（約7割の回答者が日本の PKO 活動の参加に「賛成」と答える[4]）。日本における昨今の国連 PKO への積極的な参加はこのような世論調査の結果を反映していることはいうまでもない。

1－2　国際政治における現実主義と理想主義

1－2－1　現実主義（Realism）

　現実主義を定義するうえで最も根本的なことは，「国際政治で一番重要なものは国家である」ということである。現実主義者にとって「国家主権」の原則は絶対的であり，国際政治の主役は国家以外にあり得ないという考えである。また国家は，単一の行為体とみなされる。すなわち国家は国家以外何物でもなく，その国家を形成している官僚組織等のことは軽視されている。

　そして現実主義者にとって国家のなすべき最も重要なことは，国家として「生き残ること（survival）」である。国家の最終的な目的は1つであり，それは国家の安全保障である。いい換えれば，この世の中において争いや戦争というものは避けられず，絶えず欲望のもとに力のあるもの（国家）がそうでないものを征服していくと考えられているからである。たとえば，「君主論」で有名なマキャベリ（1469-1527）は，政治家たるものは道徳心のようなものをもち合わせる必要がないと主張し，彼の「君主論」では，政治家が「本来行うべきもの（what it should be）」よりも政治家が現実に「実際に行っていること（what it is）」を強調している。彼によれば，賢い政治家は政治的野心を実行するためには，虚言や約束を破ることもあり得るという。そればかりか結果を求めるためには「暗殺」をも正当化される。このマキャベリの「君主論」は，

当時のヨーロッパ全土を驚愕させたものの，マキャベリの支持者も多く，不道徳的な便宜主義者は「マキャベリアン（Machiavellian）」と呼ばれることもある[5]。

　現在の国際政治の舞台のなかで，このマキャベリが提唱する現実主義はどれほど受け入れられているであろうか。確かにマキャベリの「君主論」は，「血の通わない」「冷酷」「悲観的（pessimistic）」のように考えられがちである。しかし彼のいう「政治的野心を実行するためには，虚言や約束を破ることもある」という主張に類似している事例が現在の国際政治にはなかろうか。たとえば，1940年代以降，継続して問題になっているイスラエルとパレスチナを含むアラブ諸国との間の中東問題がそれに当たる。すなわちイスラエルの国連決議違反ともいえるパレスチナにおける領土拡大行為に対して，それを非難する国連安全保障理事会の決議が再三決議されているにもかかわらず，その決議の「約束」は一向に実行されていないのである。同様に，1970年代以降の冷戦時代における東ティモールの侵略者インドネシアからの民族自決の促す国連安全保障理事会や国連総会の決議も同様に，冷戦時代においては実行に移されなかった。これらの例に対して共通にいえることは，東西冷戦の思惑によって，国連の決議が即決議の実行につながらなかったことである。このような状況を鑑み，国連安保理の常任理事国を含むメンバーは，「虚言」をいっていると指摘されてもやむを得ない。さらにマキャベリのいう「暗殺の正当性」であるが，これも一般的には正当化されていないと考えられるが，国際テロリズムが絶えることのない現在において，国際政治のアクターの1つである「テロリスト」たちが少なくともこの「暗殺行為」を正当化していることは事実である。

　上記のテロリストを鑑みても，現実主義者たちは，この国際社会をコントロールできない（uncontrollable）もの，恐怖に満ちているもの（fearful），そして永遠に不安定なもの（eternally insecure）ととらえており，その結果国際政治のアクター同士がお互いに信頼できない（mutual distrust）とされている。ホッブス（1588-1679）は，国際社会はアナキー（anarchy，無政府状態）であり，それはこの社会をつくりあげている人間の本性（human nature）によるものであ

ると主張している。その本性とは、利己的（self-interested）であり、疑い深く、絶えることのない欲望に満ち溢れているという(6)。このような人間の本性は、いつの時代でも変わらず（fixed）、そして普遍的なものである。

　このようなアナキーな国際社会において、大きな物理的な力（パワー）を蓄えることが重要であり、具体的には軍事力の強化が奨励される。モーゲンソー（1904-1980）は、国際政治は国家間のパワーによる闘争であるとし、国際政治においてパワーの均衡が取れている状態こそが国際社会の安定につながるとした。

　現実主義の定義としてさらに重要なこととして、国家における国益（national interest）の絶え間ない追求があげられる。前述したモーゲンソーは、国益とは外交政策を決定するうえで客観的ながらも合理的なデータのようなものであるといっている(7)。この国益という言葉は、実際に日本の国会において特定の外交政策について討論している際に頻繁に使われる言葉でもある。

１－２－２　理想主義（Liberalism）

　上述する現実主義に真っ向から異を唱えるものが理想主義である。現実主義と理想主義の間の根本的な違いは、両者の国家に対する位置づけである。上述したように現実主義にとっての国家は絶対無二の存在であったが、理想主義にとっての国家は、いわゆる"one of them"のような存在である。いい換えれば、国際政治の主体は国家だけでなく、１－１でも述べたように、個人や国際機構、その他NGO等もなり得るということである。また現実主義においては国家そのものが単一の行為体とみなされたが、理想主義においては、国家が外交政策を定式化したり、影響力を行使しようとする個々の官僚組織、利益集団、そして個人から構成されていると考える(8)。つまり理想主義者によると同じ国家でもその構成組織や個人によってその性格や器量が変わり、それがその国家の国際政治の様相を変えてしまうということである。

　次に、国家の存在目的であるが、現実主義においてのそれは、国家の安全保障であった。しかし理想主義における国家の目的を考えた場合、確かに国の生

き残りや安全保障は重要であると考えるが，その領域を超え，国家の目的はその国民を保護したり，彼らの人権を守ることも重要視される。これは理想主義者において，国際政治の主要アクターが国家のみならずその国民も含まれると考えられている所以である。

　アメリカの独立宣言やフランスの人権宣言に大きな影響を与えたロック（1632-1704）は，国家に対して個人の優位を主張した。ロックは，個人が自然の権利や義務を授与する自然の法に従うことを義務づけられているとした。ここでいう権利は，生命，自由，そして財産に対する権利であり，ここでいう義務とは，人々のそれらの権利を侵害するものに対する処罰の義務であった。このような自然状態下において社会が混とんとしたとしても，ロックは（ホッブスとは異なり），人間には理性（reason）があり解決しうるとした。またそのために政府や国家があると考えた。つまり理想主義者であるロックは，まず個人ありきであり，そのための国家であると考えたのである[9]。同様にベンサム（1748-1832）も「個人の幸福の総計が社会全体の幸福であり，社会全体の幸福を最大化すべきである」という「最大多数の最大幸福」という原理を主張した。

　理想主義者は，戦争は避けられると考えている。その戦争回避のための重要な概念は「相互依存」である。現実主義において，国家はお互いが敵対し合い，協力し合うことは稀であると考えられていたが，理想主義では，この国際協調というものが大きなキーワードとなっている。いうまでもなく，20世紀に設立された国際連盟，そして現在の国際連合はこの理想主義の申し子といえよう。また先進国首脳会議（サミット）が近年活発化しており，G7，G8，を経験し，現在は主要20カ国の首脳が一堂に会し，国際社会における政治や経済の繁栄のために話し合うG20（Group of 20）が主流化している。これは疑いもなく理想主義への流れである。

　理想主義の象徴である国際連合は国連憲章という，いわば「国際法」によりその活動や存在が保障されている。よって理想主義の大きな概念のひとつに「国際法による秩序の維持」というものがある。この国際法の維持は，お互い

の信頼（mutual trust）から生まれる。そして理想主義における人間の本性というものは，「人間は，本来道徳的であり，そして現在そのような資質がなくとも，学習により身につけたり（learning），改善できたりする（improved）」というものである。そのような個人が集まる国家というものは，現実主義の概念とは異なり，「コントロールできるもの（controllable）」であり，平和（peace）を望み，そして不安から逃れ安全を勝ちうることも可能である（can be secure）。現実主義者が，国際社会はアナキー（無秩序）であり続けるという考えである一方，理想主義者たちは，たとえ現在アナキーである状態であっても，先ほど述べたように国際協調体制が築かれることにより，国際社会は秩序（order）を得ることができると考える。そのような意味合いにおいて，理想主義者は，現実主義者からみれば，はなはだ楽観主義者である（optimistic）。

　現実主義者が「国益」を重視するのに対して，理想主義者は「公益（public interest）」にも大きな価値をおく。現実主義の利己的に対しては，理想主義は「利他的」（altruistic）というべきであろう。そのような見地においてNGOのような非営利団体の台頭や企業の社会的責任（CSR）は理想主義の主流の1つである。

　さらに理想主義の主原則の1つである「相互依存」は，国家の連合を促進する。カント（1724-1804）は，民主的な憲法をもつ国家が増えることによって将来平和的な国家の連合体ができ得るということを彼の著『永遠平和のために（*Perpetual Peace*）』で述べている。このカントの自由国家の連合の構想は，100年以上経った後の国際連盟結成の思想基盤となった。国際機関のみならず，EU等の地域統合設立の流れも理想主義の見地から注目に値する。

1－2－3　現実主義か？　理想主義か？

　このように国際政治理論は大別すると現実主義と理想主義に分かれることになる。そして現実主義と理想主義は，磁石のN極とS極のごとく，その性格上まったく相反することがわかる。図表1－1でもう一度，現実主義と理想主義をキーワードを用いて対比する。

図表1−1 現実主義と理想主義のキーワード

現実主義（Realism）	理想主義（Liberalism）
anarchy（無政府）	order（秩序）
pessimistic（悲観的）	optimistic（楽観的）
uncontrollable（コントロールできない）	controllable（コントロールできる）
eternally insecure（永遠に不安定）	can be secure（安定しうる）
mutual distrust（相互不信）	mutual trust（相互信頼）
self-interested（自己中心的）	altruistic（利他的）
fixed（変わることがない）	improved, learning（改善，学習しうる）
fearful（恐れ多い）	ideally peaceful（平和を理想とする）
national interest（国益）	individual interest, public interest（個人益，公益）
immoral（不道徳的）	moral（道徳的） reason（理性）

　国際政治の学問分野では，この現実主義と理想主義が論争を繰り広げてきた。現実主義者は，理想主義を文字通りに「単なる理想論を述べているにすぎない」といい，理想主義者は，現実主義を「夢も希望もない」と批判する。しかし両者の主張に対する具体的な正当性を見出すことができる。たとえば，現実主義者のいうように国際社会において，少なくとも我々の歴史を知る限りでは，世界で戦争がまったく行われていなかった時代は（現在も含めて）一度もない。また理想主義者のいうように現在の国際社会ではNGOのような利他的な団体が増加しており，現在そのような団体を抜きにして国際社会は維持できない状況にもなっている。

　次の章では，この2大国際政治理論である現実主義と理想主義に適用される具体的な事例をあげていくことにする。

【注】

（1）アエラムック『新国際関係学がわかる』朝日新聞社，1999年，p.60。

（２）国際連盟の不成功の具体例は，アメリカ等の世界主要国家の未加盟，軍縮交渉の失敗，さらに，日本，イタリア，ドイツ等のそれぞれの満州，エチオピア，ポーランド侵略を防止できなかったという集団安全保障体制の失敗等があげられる。百瀬宏『国際関係学原論』岩波書店，2003 年，pp. 139-145。

（３）石塚勝美「国連による国家構築活動における人的側面と信頼醸成」日本国際連合学会（編）『持続可能な開発の新展開』国連研究第 7 号，2006 年，p. 168。

（４）2003 年に朝日新聞が実施した世論調査によると，日本の国連平和維持活動（PKO）について「これまで以上に参加すべきだ」と回答した者が 26.5%，「これまで程度に参加をすべきだ」が 49.7% であり，両者を合わせると 76.2% が日本の PKO 参加に対して前向きな回答をしていることがわかる。自衛隊のイラク派遣が注目を集めた翌年 2004 年においても 66.8% の回答者が日本の PKO 参加に前向きな回答をしていることからも，この日本における国民の「PKO 支持傾向」は維持されていると考えられる。朝日新聞インターネットホームページ　http://www2.asahi.com/special/iraqrecovery/TKY200401100265.html　2010 年 8 月 25 日参照。

（５）Robinson D. and Groves J., *Introducing Political Philosophy*（Cambridge : Icon Books, 2003）, pp. 45-47.

（６）William H., *International Relations in Political Theory*（Buckingham : Open University Press, 1992）, p. 57.

（７）Burchill S., "Realism and Neo-realism" in Burchill S.（eds.）*Theories of International Relations*（New York : Palgrave, 2001）, p. 81.

（８）Viotti P. and Kauppi M., *International Relations Theory : Realism, Pluralism, Globalism*, 石坂菜穂子（訳）『国際関係論―現実主義・多元主義・グローバリズム』彩流社，2003 年，p. 24。

（９）Doyle M., *Ways of War and Peace*（New York : W. W. Norton & Company, 1997）, pp. 216-217.

第 2 章
国際政治理論の具体例

2−1 「囚人のジレンマ」と核兵器による軍拡競争：現実主義のケース①

　学術的な分野における理論説明をする際に「ゲーム理論」を用いられることが多い。本書のような国際政治理論を説明する際にも同様である。ここではまず，国際政治理論の現実主義の理解を一層深めるために「囚人のジレンマ」というゲーム理論を取り上げる。この「囚人のジレンマ」は，1950 年，アメリカの軍事戦略の研究機関であるランド研究所（RAND）のメリル・フラッド（Merrill Flood）とメルビン・ドレッシャー（Melvin Dresher）によって発表された。

2−1−1 「囚人のジレンマ」とは
【問　題】
　共同で犯罪を行ったと思われる 2 人の容疑者が逮捕された。しかし警察は確固たる証拠をもっていなかった。そこで警察はこの 2 人の囚人に自白させるために，別々の部屋に連れて行き，次のような条件を同じ内容で伝えた。

- もし囚人が 2 人とも黙秘したら，2 人とも懲役 6 カ月である。
- しかし共犯者が黙秘しても，自分だけが自白したら，自分は無罪になれる。しかし共犯者の方は懲役 10 年になる。

- 逆に，共犯者が自白し，自分が黙秘していたら，共犯者は無罪になれる。しかし自分のほうは懲役10年になる。
- ただし2人とも自白したら，2人とも懲役5年である。

　この場合2人とも隔離されているので，お互いの情報は伝わらないし，また事前の合意もない。よってこの囚人は，相手方が自白するのか，黙認するのか定かではないのである。問題はこのとき囚人は，相手方と協調するつもりで黙秘するべきであろうか。それとも相手方を裏切って自白することが得策であろうか。この2人の囚人を仮に，囚人A，囚人Bとする。以上の内容を表にまとめると次のようになる（図表2－1）。表内の左側が囚人Aの懲役，右側が囚人Bの懲役を表す。たとえば，左下においては，囚人Aが無罪，囚人Bが懲役10年となる。

図表2－1　囚人のジレンマの内容

	囚人B　黙秘	囚人B　自白
囚人A　黙秘（協調）	（6カ月，6カ月）	（10年，無罪）
囚人A　自白（裏切り）	（無罪，10年）	（5年，5年）

（解答・解説）

　上の表を一見すると，囚人Aも囚人Bも協調して黙秘してお互いが懲役6カ月で済むことを選択するであろうと考えるものも多いと推測される。しかしフラッドとドレッシャーによると，囚人たちが自分の利益を追求する限り，双方とも自白して相手方を裏切るであろうという。それは，仮に囚人Aの立場に立ったときに，囚人Aは以下のように考えるからである。

- もし囚人Bが黙秘したと仮定する（囚人B黙秘の部分のみを参照）。このとき自分（A）は，Bと共に黙秘すれば懲役6カ月であるが，もし自分が自白したら何と無罪になれる（だから自白しよう）。
- もし囚人Bが自白したと仮定する（囚人B自白の部分のみを参照）。このと

き自分が黙秘したら，つまり自分のみが黙秘したことになったら懲役10年という重罪になる。しかし自分も自白すれば，懲役は5年で済む（だから自白しよう）。

つまり囚人Bが，囚人Aをかばうつもりで黙秘しようが，また囚人を裏切って自白しようが，囚人AはBを裏切って自白する方が得策であると考える。囚人Bの立場に立っても同様である。よって結果双方が裏切って自白して，双方とも懲役5年の刑に処されることになるという。

このケースでは，相手を信じていればある程度の苦痛（マイナス）で済むもの（懲役6ヵ月）を，相手を信じず，お互いが自分の欲を追求するばかりに結局は遥かに多くの苦痛（懲役5年）を強いられるというものであり，これがフラッドたちのいう「ジレンマ」なのである。

ところでこの囚人たちの考え方は，前章の国際政治理論でいえば，現実主義あるいは理想主義のいずれの考え方になるであろうか。これは明らかに現実主義の考え方である。現実主義において国家は「相互不信」になり「自国の利益（国益）」の追求を第一義に考える。「相互不信」においては相手を裏切ることが多いし，相手の方が自分を裏切ることも大いに想定していよう。国益の追求も囚人たちのごとく「自国の欲」の追求ではなかろうか。

2−1−2　国家間の軍拡競争における「囚人のジレンマ」の適用

上記の「囚人のジレンマ」は，国際政治の現実主義に類似する現象であれば，実際の国際政治の舞台においても「囚人のジレンマ」に相当する「国際政治のジレンマ」のような事例があるはずである。ここでは「国家間の軍拡競争」に例を当ててみる。さらに国家間の軍拡競争のなかでも「冷戦間の米ソの核戦略」について考えてみよう。

核兵器というものは，20世紀の人類が開発した兵器のなかでは最も破壊力のある兵器であり，核兵器が一発でも投下されると大都市全体が破滅の状態にされてしまう。このことは第2次大戦に広島と長崎に落とされた核兵器の一種

である原子爆弾の破壊力を例にとってもいうまでもない。また地球上に存在する核兵器をすべて使用した場合，地球を何回分をも破壊する力があるといわれている。

このような核兵器を所持することは，現実主義者にとってはとても重要なことであるし熱望することでもある。それは前にも述べたように現実主義において，最も重要なことは国際安全保障体制における国家の生き残りであり，そのためには国家の物理的な力である軍事力の強化が死活問題になるからである。この軍事力という物理的な力において最大の兵器がこの核兵器である。その結果，軍事大国を目指す国家は核兵器の所有を熱望することは明白である。

つまり仮にライバル関係である，あるいは敵対関係である国家Aと国家Bがあったと仮定しよう。現実主義においては，両国とも相手国との力関係における優位性を得るために軍事力の増強に励むことが考えられる。その際に国家Aと国家Bの一方のみが核兵器を所有していたらどうであろう。仮に国家Aの方のみが核兵器を保有していたら，国家Aの方が軍事力においてかなり優位に立ち，軍事バランスが一方的に偏るであろう。この場合，国家Aが核兵器を開発・所有することは国際政治においては大きな利益を生むことになる。ここでいう利益とは，戦争する以前においても「こちらのみが核兵器をもっている」という精神的に優位に立ち，戦争を行ったとしても核兵器を所有する国家Aが圧倒的な優位に立つ。同様に国家Bのみが核兵器を所有し，国家Aが所有していなかったら，逆に国家Bが軍事的な力関係が優位になり，国際政治の舞台においても国家Aを圧倒し，国家Bに精神的にも物理的にも大きな利益を生むと考えられる。

一方で，核兵器を所有するには大変な労力がかかる。つまり核兵器を開発する時点で，大人数の科学者や研究者を雇い，長い年月をかけて，相当な国家予算も必要となる。核兵器が一応完成された段階になってもその完成された核兵器が実際に効力をもつのかを試す，いわゆる核実験が必要となってくる。つまり核兵器を所有するためには，いくら自国を軍事大国にしたいという欲望があっても，それを作り上げるにふさわしい経済大国であり技術大国でなければな

らないということだ．この時点で世界の小規模あるいは中堅の国家の多くは核兵器を所有することに断念することになる．いい換えると，核兵器を製造・所持すること自体には，経済的に大きな負担がのしかかるということである．

また「核抑止」という言葉があるように，格兵器は破壊力が大き過ぎるゆえ，使用するには政治的に大きな決断力が必要となる．そして先程の例でいえば，国家Ａと国家Ｂが双方とも核兵器を所有していることと仮定しよう．この場合，もし国家Ａ・Ｂ一方が核兵器を使用した場合，もう一方の国家に相当の被害を受けることになるが，この国家全体が破壊されない限り，今度は核兵器を受けた国家が報復として，核兵器を最初に使用した国家に自国の核兵器を投下するであろう．その結果双方とも多大な被害を受けることになる．つまり双方とも余程の国家的危機が訪れない限り核兵器を使用することはないと考えられる．これが「核抑止」の効果である．しかしこの状態では，相手方の敵対する国家に対して精神的優位や軍事的優位に立つことができない．しかし国家の財政的負担は大きい．その結果，精神的，軍事的，財政的な側面を総合的に考えると，国家Ａ・Ｂ両国とも核兵器をもつことが大きな利益を生むとは考えられない．

それでは，前例に戻り「国家Ａ・Ｂ双方とも核兵器を所有しない」というシナリオを考えてみよう．仮に両国とも核兵器以外の兵器，すなわち通常兵器の規模も同等と考えた場合，両国とも精神的にも，軍事的にも優位性は同等である．つまり優勢劣勢のバランスだけを考えるのであれば，双方とも核兵器を所有しているときと同じような「均等なバランス」を保っていることとなる．それでいて核兵器を開発・製造をしない分，国家が科学・技術的にも財政的にも大きな負担を強いられることがなく，核兵器製造に費やしたであろう財政をほかの分野（たとえば公共事業・福祉・教育・医療等）に充てることができる．つまりこの場合，国家Ａ・Ｂの精神的・軍事的・経済的にみた国家全体の総合的な収支決算における利益は大きいといえる．

つまり国家Ａ・Ｂともに初めから核兵器の所有を考えなければいいのであるが，実際にはそうはいかない．これは前述の「囚人のジレンマ」のときに囚

人A・Bが事前に話し合いの機会を与えられなかったことと同様に、この核兵器の製造においても、国家A・Bの双方が事前に自国の軍事政策や安全保障政策を相手方には伝えないからである。当然ながら現実的には、「自分の国は、このような類の兵器をこれだけ作りますよ」という情報は公開しない。公開しないで秘密裏に軍事増強を図り、相手方より軍事規模を大きくして、万が一の有事の際に備えるわけである。

そしてここで繰り返し述べている国の精神的・軍事的・経済的な総合的利益を、現実修理者たちがいう「国益」といい換えることができよう。以上のことを総括して「囚人のジレンマ」のケースのごとく「国家A・国家Bが、核兵器を製造するか、製造しないか」によって国家が得る「国益」は、たとえば以下のようなバランスになってくると考えられる。

- もし国家A・B共に核兵器を作らなかったら、双方の国家の国益は、10になる。
- もし国家Aのみが核兵器を作り、国家Bが作らなかったら、国家Aの国益は20になり、国家Bの国益は、－10（つまり10の損失）となる。
- 逆に、もし国家Bのみが核兵器を作り、国家Aが作らなかったら、国家Bの国益は20になり、国家Aの国益は、－10（つまり10の損失）となる。
- もし国家A・B共に核兵器を作ったら、双方の国家の国益は、－5（つまり5の損失）となる。

以上の内容をまとめると次のようになる（図表2－2）。表内の左側が国家Aの国益、右側が国家Bの国益を表す。例えば、右上においては、国家Aがマイナス10の国益（つまり10の損失）、国家Bが20の国益となる。

図表2－2　核兵器製造による国家A・Bの総合的国益

	国家B・核兵器を作らない	国家B・核兵器を作る
国家A・核兵器を作らない	(10, 10)	(－10, 20)
国家A・核兵器を作る	(20, －10)	(－5, －5)

この核兵器のケースにおいても，もし国家 A・B 共に現実主義に基づいて軍事政策を考えた場合，両国とも「核兵器を作る」という決断をとる。それでは「囚人のジレンマ」の解説に従って，国家 A の立場に立って国家 A の政策立案者や政策決定者がどのように考えるかを次のように推測できる。

- もし国家 B が核兵器を作らないと仮定する（「国家 B・核兵器を作らない」部分のみを参照）。このとき自国（A）は，もし核兵器を作らなければ自国の国益は 10 であるが，もし核兵器を作れば，その利益は 20 にも膨れ上がる（よって核兵器を作ろう）。
- もし国家 B が核兵器を作ると仮定しよう（「国家 B・核兵器を作る」部分のみを参照）。このとき，自国はもし核兵器を作らなかったら，自国の国益は 10 の損失となり，国家 B の国益 20 との差は，実に 30 となる。しかしもし自国も核兵器を作れば，国家の損失も 5 で済み，国家 B との差もなくなり双方痛み分けとなる（よって核兵器を作ろう）。

この結果，国家 A は，国家 B が核兵器を作らないと仮定しても，作ると仮定しても，結局核兵器を製造してしまうことになる。これは国家 B の立場に立っても同様である。結局国家 A・B ともに核兵器を製造することになるのである。

このケースでも，相手が核兵器を作らないと信じていれば，自国も作らずに，その結果堅実な国益（プラス 10）を生むものを，相手を信じず，お互いが自分の国益を追求するばかりに結局は遥かに多くの損失（マイナス 5）を強いられるというものであり，これもブラッドたちのいう「囚人ジレンマ」と同様な現象である。「囚人のジレンマ」ならぬ「核兵器のジレンマ」とでも呼べよう。

このやりとりがもし現実主義ではなく理想主義者同士で行われたらどうであろう。つまり理想主義者は，お互いを信頼し，世の中は「パワー」よりも「道徳」や「理性」「倫理」が支配すると考える。そしてお互いが理解することにより争いはなくなり，いつの日か平和な日々が到来すると信じている。よって

核兵器のような破壊的な兵器は自国も製造することはなく，相手国も製造しないと信じるであろう。理想主義の考え方では国家A・B双方が核兵器を作らずその結果両国が10の国益を生むことになる。

しかし現実はどうであったか。核兵器は世の中から消滅していったであろうか。答えはもちろん否である。核兵器は1939年アメリカで「マンハッタン計画」といわれる政策の下にその開発がはじめられ，優秀な科学者と莫大な国家予算を投じた結果，アメリカは1945年には最初の核兵器である原子爆弾を3つ完成させた。そのうちの1つは原爆実験として使用され，残りの2つは広島と長崎に投下された。第2次大戦後に，アメリカ・ソ連の東西冷戦が本格化していくにつれてソ連もアメリカに負けじと核兵器開発に乗り出し，何と4年後の1949年にソ連は最初の原爆実験に成功する。つまりアメリカが6年かけて原爆の開発に成功したのに比べ，ソ連は2年早い4年間で原爆を作り上げたことになる。この4年間は，先程述べた「核兵器のジレンマ」の国益表でいえば，アメリカの核兵器所持・ソ連の不所持の結果，アメリカ国益が20になり，ソ連の国益がマイナス10になり，両国の国益の差が30に開き，焦ったソ連が国家の総力を決してこの軍事不均衡を是正すべく，核兵器開発に急いだと考えられる。この核兵器における軍拡競争は一層過熱化し，当初3発しかなかったアメリカの核兵器は，1966年には約32,000発，ソ連に至っては1986年には約45,000発も所持していたとされている。つまり冷戦時代においては，アメリカとソ連の核兵器だけで広島と長崎に落とした原子爆弾と同等なものが合わせて70,000発以上保有していたことになる。

ここで「核兵器のジレンマ」の話に戻ると，国家Aと国家Bがそれぞれソ連とアメリカになる。図表にすると次のようになる。

国家A：国家B＝ソ連：アメリカ

ところで，冷戦時代の国家におけるライバル・敵対関係はアメリカとソ連にとどまらない。すなわち資本主義と社会主義国家の対立だけではない。たとえば，社会主義国同士でもライバル関係は存在していた。ソ連と中国の関係がそ

れに当たる。この2大国は地理的にも隣接し国土や経済規模等も類似しているために当然「社会主義国のリーダー」としての地位を争うことになる。よって前述の「ジレンマ」の話に戻ると，

　国家A：国家B＝中国：ソ連

という図式になる。ここでソ連だけが核兵器をもち，中国がもっていなければ，先ほどの国益の度合いで中国が相当不利になる。その結果，中国も核兵器の開発を決意した。特に1959年の中ソ協定破棄後，中国は独力で核開発に着手した。そして1964年中国西部地区で原爆実験に成功し，1967年には水爆実験に成功し同年中国は正式に核保有国となった[1]。そして1993年に中国は435発もの核を保有した。

　同様に，中国に隣接し，やはり中国をライバル視する国家としてインドがあげられる。実際に1959年の中国チベット仏教の宗教指導者であるダライ・ラマのインドへの亡命の受け入れを契機として，1962年に中国とインドは戦争を行っておりこの戦争においては中国が勝利している（中印戦争）。この件に関して，同様に先述の「ジレンマの図式」に従えば，

　国家A：国家B＝インド：中国

となる。よって1967年の中国の核兵器所持により，中国・インド間の軍事バランスが大きく不均衡となった。中国核兵器所持・インド核兵器不所持により，中国の国益が高まり，インドに国益はかなり低下したことになる。これを解決させるためにインドも核兵器の開発をはじめた。その結果1998年5月11日，インドは熱核反応装置実験に成功をおさめ，正式な核保有国となった。

　他方で，インドに隣接して，インドをライバル視する国家としてパキスタンがあげられる。元々インドとパキスタンは同じイギリスの植民地であり，1947年イギリスはインドの独立を承認し，その際にヒンズー教徒を中心とするインドと，イスラム教徒を中心とするパキスタンに分離された。しかし国境線の決定に関して両国が同意することが困難であり，とりわけカシミール地方を巡っ

て両国は3回にわたり戦争（インド・パキスタン戦争）を行っており，この領土問題は未だ解決していない。また東西冷戦時代には，アメリカはインド・パキスタンの対立構造においてパキスタン寄りの外交姿勢を示したために，インドはソ連と同盟関係を形成した。つまりインド・パキスタン戦争は，米ソの代理戦争の意味合いも含まれた。ここでも両国の敵対関係を「ジレンマの図表」に従えば，

　　国家A：国家B＝パキスタン：インド

という構造になる。インドの核開発は，上述したように中印戦争の敗北と1964年の中国の核実験成功による危機感から「対中国」が念頭にあったのに対して，パキスタンの核開発は，インド・パキスタン戦争の敗北を機に「対インド」をまず念頭に置いている。特筆すべきことに，パキスタンの最初の核実験は，インドが核実験を行った17日後の1998年5月28日に行われた。これは，インドとパキスタンは時を同じくして核開発をはじめ，お互いが核兵器の所持を誇示し合うかのように核実験に踏み切ったと推測される。つまりインドも中国を仮想敵国として核開発をはじめたが，現在では「対パキスタン」を主目的としての核開発がより現実的な軍事的方向性である。インドとパキスタンがお互いに相手方が核兵器を開発していると想定し，ならば自国も核兵器開発が急務であると考えたわけである。

　以上のように冷戦後の核兵器開発は，アメリカからソ連，ソ連から中国，中国からインド，インドからパキスタンと「ドミノ倒し」のごとく連鎖していった（これをドミノ理論という）。これは，「アメリカ－ソ連」「ソ連－中国」「中国－インド」「インド－パキスタン」との国家間で，まさに現実主義に基づく「核兵器のジレンマ」に陥ったことになる。

　しかし上述の国益表に基づけば，お互いに核兵器を製造してしまうと，お互いは核兵器を製造しなかったときと比較して，国全体の国益は低下してしまう。前にも述べたように，とりわけ核兵器を開発・製造するための財政負担は相当なものである。しかし上記の国々が核兵器における軍拡競争を続けるにつれ，

ソ連のようにたとえ超大国でも社会主義ゆえ経済効率が低い国家は，核兵器製造のための財政負担のために国家の存続の危機が訪れ，1991 年についにソ連は崩壊したのであった。また核保有国の 1 つであるパキスタンも核開発に国家予算の 7％をも費やしているといわれている。パキスタンは，その 1 人当たりの国内総生産がわずか 1,016 ドルであり，世界でも 182 カ国中 143 位という発展途上国である。おそらくは使用しないであろう核兵器の開発・製造のためにパキスタンは相当な経済的犠牲を払っていると推測される。

このように第 2 次大戦後から現在における世界の核兵器による軍拡競争は，国際政治理論でいう現実主義を具体化したケースの 1 つであることがわかる。国家がその軍事政策をお互いに秘密裏にし，常にパワーを求め，国益を第一に考えるというまさに現実主義に基づいた姿勢が現在の核社会をもたらしたのである。

2－2　アメリカの国際紛争介入政策：現実主義のケース②

【問　題】

ときに，アメリカは「世界の警察官」といわれることがある。アメリカは，国外の紛争に自国の軍隊を派遣することによって，その紛争の解決を目指し，世界の安全の維持に貢献しているからということである。それが正しいとすればアメリカの外交政策は「利他主義」に基づく理想主義を掲げていることになる。果たしてそうなのであろうか。「他国の紛争を解決する」という行為が他国の利益のみに基づいているのであれば，それは理想主義政策であろう。しかし「他国の紛争を解決する」ことが自国の利益，つまり国益にかなうものであれば，それは現実主義に基づく政策である。それでは，アメリカの国際紛争介入政策が理想主義に基づくものであるのか，現実主義に基づくものであるかを知るために，以下の問題を掲げることにする。

問題として，次に A・B・C・D の 4 つの国際的な紛争をあげる。そのなか

で「世界の警察官」といわれているアメリカが介入した取り組みで「熱心に」あるいは「積極的に」対応した順番と，その理由を考えてみよう。

　A．中米諸国グレナダの共産化の暴動に対する対応（1983年）
　B．中東イラクのクウェート侵攻に対する対応（1990～1991年）
　C．旧ユーゴスラビアにおける民族紛争に対する対応（1991～2000年）
　D．ルワンダの大虐殺に対する対応（1994年）

（解答・解説）

1番目：A．中米諸国グレナダの共産化の暴動に対する対応（1983年）－即時単独の軍事介入

　1983年10月13日，中米カリブ海に浮かぶ島国グレナダにおいて軍事クーデターが発生した。アメリカは，CIAの調査によって，このクーデターにより権力を掌握した革命政権はソ連とキューバに軍事援助を受けていることを発覚した。すなわち東西冷戦の真只中という当時において，ソ連が中南米においてグレナダをキューバに続く第2の共産化の拠点にしようとする政策が明確になった。グレナダ国内にはキューバ軍が駐留をはじめた。

　これに対してアメリカのとった行動は，即時単独でのグレナダへの軍事侵攻というものであった。軍事クーデターからわずか12日後の1983年10月25日，アメリカのレーガン大統領は，兵力1,000名からなるアメリカ軍をグレナダに侵攻させた。軍事介入の公式上の理由は「グレナダにいる1,000名のアメリカ国籍の医学生を救出するため」であったが，最大の理由は，グレナダを「第2のキューバ」にさせることを何としてでも阻止するためであった。

　アメリカ軍とグレナダ・キューバ軍との間の銃撃戦は7日間続き，アメリカ兵は7,000名まで増強された。その結果，グレナダ・キューバ兵は投降するか山中へ逃亡していった。結果的に，グレナダにおけるソ連の共産化政策は阻止されたが，この戦闘において19名のアメリカ兵，49名のグレナダ兵，29名のキューバ兵が犠牲になった。

それでは，なぜアメリカは「即時単独での軍事介入」という積極的な政策をグレナダでとったのか。それは現実主義の筆頭の目的である「自国の生き残り」であり「アメリカそのものの安全保障」にかかわることであったからである。つまりアメリカにとっての「裏庭」であるカリブ海での安全保障面での不安定はアメリカ本国に影響しかねない。その不安定の要因が「共産主義化」であれば，東西冷戦時代では「致命傷」になりかねないのである。

すでに 1962 年のキューバ革命以降，キューバは共産国家となりソ連の影響下にはいっており，そして今回グレナダまでもが共産化されてしまえば，また中南米全体において共産主義への革命が再発してしまう恐れがあった。よってアメリカは，他国への打診をすることなく即刻独自の大規模な軍隊をグレナダに派遣したのであった。ここでいうアメリカの国益とは「自国の生き残り」そのものであったのである。

<u>2 番目：B. 中東イラクのクウェート侵攻に対する対応（1990〜1991 年）：国連の承認を得たのちの同盟国との軍事介入</u>

この事例は「湾岸危機」そして「湾岸戦争」として広く知られているものである。1990 年中東においてイラクが隣国の小国クウェートに侵攻し，イラクのサダム・フセイン大統領はクウェートのイラクへの併合を宣言した。このイラクのクウェート侵攻にはさまざまな理由が考えられた。イラクは 1980 年から 8 年間に渡り隣国イランと戦争を行っており（イラン・イラク戦争）その戦争によって費やした経済的負担を石油資源の豊富なクウェートを併合することによって軽減したいということ，また海のないイラクは，クウェートを併合することによりペルシャ湾を最大限に活用したいということ，また全体主義国家のイラクのフセイン大統領は 1979 年の就任以来「中東にイラクの大帝国」を築くという野心があったとされ，このクウェートの併合もその野心の 1 つでもあったとされている。またイラクは，クウェートがイラクの領土にあるルマイラ油田から石油を盗掘していることがクウェート侵攻の理由の 1 つであると主張した。このイラクの突然のクウェート侵攻によって，小国クウェートの国王は

サウジアラビアに逃亡し，イラク軍はクウェートを完全に占領した形となった。

このような明らかな国際法違反の行為を行ったイラクのクウェート侵攻に対して，「世界の警察官」と自称するアメリカはどのような対応をしたのであったか。アメリカのブッシュ（父）大統領は，イラクの行為を厳しく批判しながらも，グレナダのケースのようにアメリカ軍を単独で行動せることはしなかった。このクウェート侵攻に対して国連によるイラク軍の無条件撤退を求める決議（1990年8月2日の決議660や1991年11月29日の決議678など）をイラクがまったく応じないことを理由に，アメリカは国連の承認を得た後に，1991年1月17日，28カ国からなる同盟軍（多国籍軍）を結成しイラクに対する軍事制裁，いわゆる湾岸戦争に踏み切った。この多国籍軍は兵力が80万人強であったが，そのうちの50万人強はアメリカ兵であった。この戦争では，ハイテク兵器を使用したアメリカ主導の多国籍軍が終始圧倒し，また地上軍の活躍もあり，結果は多国籍軍の一方的な勝利に終わった。そしてイラク軍はクウェートから撤退した。

この湾岸危機において，アメリカはグレナダの時と違い，クウェート侵攻から約5カ月状況をみてからアメリカの主張に同意する国々と同盟を結び，その国々と多国籍軍を結成して湾岸危機に対して軍事介入をしている。

それでは，この湾岸危機に対するアメリカの介入にはどのような国益があるのか。これはイラクやクウェートが立地する中東という地域が重要に関係してくる。すなわち中東地域は天然資源である石油の宝庫であり，アメリカのみならず，その同盟国である日本やイギリスをはじめ，世界の多くの国が中東の石油に依存しているからである。この中東の政情不安定や安全保障の危機は，石油資源の輸出停滞を引き起こし，それが世界経済の停滞にもつながる。よってここでいうアメリカの国益とは，アメリカを含めた「世界経済の安定」ということになる。この「世界経済の安定」は，グレナダのケースでの「国家の生き残り」と比較すると国益の度合いでは低いのかもしれない。よってアメリカの湾岸危機における対応の積極性（国連の承認を待っての同盟国との軍事介入）もグレナダのケース（即時の単独軍事介入）よりは若干弱まっているといえる。し

かしアメリカ軍が他国の紛争のために自ら軍を介入させたという点においては相対的には積極的な対応であったといえる。

3番目：C. 旧ユーゴスラビアにおける民族紛争に対する対応（1991〜2000年）：国連 PKO に依存した後に NATO による空爆

東西冷戦が終了は，国際政治の様相を大いに変貌させた。冷戦期においては表面化しなった一国内の民族や宗教間のわだかまりは，東西冷戦後に一気に激化し，民族紛争・宗教戦争へと悪化した。第 2 次世界大戦後に成立したユーゴスラビア社会主義連邦共和国もその例外ではなかった。ユーゴスラビアは「1つの国家，2つの文字，3つの宗教，4つの言葉，5つの民族，6つの共和国，7つの国境線」[2] を有すると言われるほど複雑な国家であった。その 6 つの共和国のひとつであるセルビア共和国にスロボダン・ミロシェビッチが 1989 年に就任すると，彼はセルビア国内で「セルビア第一主義」を唱え，コソボ自治州の自治権を取り上げるなど独裁政治を行いはじめた。これに対抗するかのように 1991 年 6 月にスロベニアとクロアチアが独立を宣言した。これを国家の裏切りと判断して，セルビア人を主体とするユーゴスラビア連邦軍が両国を攻撃し，内戦がはじまった。

このユーゴスラビアの内戦に対してアメリカは，当初は国連に大きく依存していた。国連は 1992 年 2 月にユーゴスラビアの民族紛争を食い止めるために，国連平和維持活動（PKO）である国連保護隊（UNPROFOR）を承認し[3] アメリカもその派遣国 42 カ国の 1 カ国として少数のアメリカ軍を派遣した。

ユーゴスラビア内でもとりわけボスニア・ヘルツェゴビナでは独立を目指すクロアチア人，イスラム教徒勢力であるムスリム人と独立反対のセルビア人による戦闘が激化した。ボスニアの首都のサラエボではムスリム人がセルビア人に包囲され 18 カ月にもわたり一般市民が砲撃を受け続けた。またミロシェビッチの「セルビア第一主義」は，他民族の存在を否定する「民族浄化政策」に発展した。たとえば 1995 年 7 月国連の保護下に置かれていたスレブレニッツァではセルビア人の攻撃を受け 7,000 人のムスリム人が虐殺されるという事件

が起きた。

　こうした行為に国際世論の批判が高まり，これを受けたアメリカ主導の北大西洋条約機構（NATO）の軍隊が，1995年8月ボスニアのセルビア人勢力の軍事拠点に大規模な空爆を行った。その後1995年11月，アメリカの調停のもとにボスニア和平協定（デイトン合意）が調印された。また1995年12月国連保護隊に代わりNATO主導のPKOである和平履行部隊（IFOR）が配備された。

　このユーゴスラビア紛争を振り返るとアメリカは1992年からの3年間は国連PKO（UNPROFOR）にその紛争解決を依存していたことになる。そしてその国連PKOがあまり効果がないとみるや自らの軍事同盟であるNATOを利用しての空爆を実施している。これは明らかに上記の湾岸危機での対応ほど積極的ではないことがわかる。しかしここでもユーゴスラビア紛争を解決することよってアメリカが得られる国益というものがあった。それは「ヨーロッパの安全保障」「ヨーロッパの安定」である。ヨーロッパの安全はアメリカにとって意義のあるものである。なぜならアメリカが所属する軍事同盟であるNATOは，アメリカとカナダを除けばすべてヨーロッパ諸国だからである。同じ軍事同盟に所属している国家が外部集団から攻撃を受けたら，自国への攻撃と同等とみなし，同盟国全体でその外部集団に攻撃をかけなければならない。ユーゴスラビアはヨーロッパに属しており，よってユーゴスラビアの安全保障上の不安定は，アメリカの同盟諸国まで飛び火する恐れがあり，よって戦火がヨーロッパ内に広がる前に鎮圧する必要があったといえる。また経済的にもアメリカは自由貿易によって国の経済が保たれており，ヨーロッパ諸国はアメリカの重要な貿易相手国である。ヨーロッパが戦争に巻き込まれるとヨーロッパ経済が著しく低下し，よってアメリカの貿易額も大きく低下することになる。その結果アメリカ経済も大きく停滞しかねない。よってヨーロッパを戦争状態に巻き込ませないことがアメリカにとって経済的にも重要である。さらに，これは第一義的ではないが，ヨーロッパは，基本的にはアメリカと同じ白人キリスト教国家の集団である。人種的文化的な同朋意識も介入の要素の1つであろう。

<u>4番目：D. ルワンダの大虐殺に対する対応（1994年）：介入せず</u>

　ルワンダはアフリカ中央部に位置し，国土の面積は日本のそれよりも10分の1にも満たず，また人口も600万人程度の小国である。そのような国家においておよそ100万人の死者をだしたともいわれているのが，1994年に起きたルワンダ大虐殺である。ルワンダではベルギーの植民地支配のもとでは少数派であるツチを支配層とする体制が築かれていた。1962年のルワンダの独立の前にはツチとベルギー政府との関係が悪化し，後者はフツによる政治体制を支援した。1973年にフツのハビャリマナがクーデターを起こして政権を樹立すると，ウガンダのツチ系難民がルワンダ愛国戦線（RPF）を組織してハビャリマナ政権に対する反政府運動を活発化させた。1993年8月にツチとフツの間でアルーシャ協定が結ばれ，和平合意に至ったが，1994年4月ハビャリマナ大統領を乗せた飛行機が何者かによって撃墜されたことによって，その報復措置としてフツによるツチの大虐殺ははじまった。

　虐殺は，メディアの煽動，民兵組織の結成，武器の事前供給，虐殺対象の事前確認などによるフツ側の周到な準備が行われていたこともあり，約3カ月で100万人近くのツチ族が虐殺されたといわれている。

　このような政府主導の反人道的国家規模の犯罪行為に対して国連やアメリカはどのような対応をとったのであろうか。ルワンダにおいては，国連PKOである国連ルワンダ支援団（UNAMIR）が1993年5月より，新政府の樹立支援，停戦監視，治安維持および人道的援助を目的として設立されていた。しかしルワンダにおける大虐殺が深刻化してからは，UNAMIRの要員は，当初予定されていた2,500人から70人に縮小された。UNAMIRは，ルワンダにいる外国人の避難のみに焦点を当てた活動を行うよう国連より指示を受けた。アメリカは実際にまったく介入をしなかった。まったく何もしなかったことになる。国連やアメリカの支持を得られないままルワンダの虐殺は，その後RPFがツチの保護を掲げて攻勢に出て1994年7月に全土を掌握するまで続けられた[4]。この国際社会の消極性は後になってから大きな批判を受けることとなった。1999年，ルワンダ虐殺当時のアメリカの大統領であったビル・クリントンは，

自国のメディアにて「当時のアメリカ政府が地域紛争に自国が巻き込まれることに消極的であり，ルワンダで進行していた殺りく行為が大虐殺（ジェノサイド）と認定することを拒絶する決定を下したことを後に後悔した」と述べている。

　それでは，アメリカはどうしてルワンダに介入をしなかったのか。それは国際政治理論の現実主義でいえば「アメリカにはルワンダ紛争に介入するための国益がなかったから」である。ルワンダへの介入には，上にあげた3つのケースのように「自国の生き残り」「世界経済の安定」「ヨーロッパ（同盟地域）の安全保障」「自国の自由貿易経済の維持」「同朋意識」のような大義名分に当たる国益がアメリカにはなかったからである。アメリカは「世界の警察官」と自称する一方で，「現実的」には世界の警察官にはなりきれなかったことになる。これが現実主義に基づく国際政治の「現実」であった。

　以上の4つのケースをまとめると以下の図表2－3のようになる。
　このようにアメリカは，自国にとって国益が大きいと思われるケースほど，積極的に介入することがわかる。しかし，だからといってアメリカを御都合主義の国家であると結論づけるのは早計である。アメリカに限らず，国際社会のほとんどの国家において同様の外交政策をとっている。すなわち「外国で行われている紛争に介入する」というと「自国の軍隊をささげる」という意味で利

図表2－3　アメリカの国際紛争における介入の積極性

順位	ケース	アメリカの対応	アメリカの国益
1位	中米諸国グレナダの共産化の暴動（1983年）	即時の単独軍事介入	（冷戦時代における）自国の生き残り
2位	中東イラクのクウェート侵攻（1990～1991年）	国連承認後の同盟国との軍事介入	世界経済の安定
3位	旧ユーゴスラビアの民族紛争（1991～2000年）	国連PKOからNATO軍での空爆	同盟国地域の安全保障・経済安定
4位	ルワンダの大虐殺（1994年）	アメリカは介入せず	国益なし

他的なイメージがついてくるが,実際には「どれだけの軍隊を,どのようなタイミングで,どのような形で」派遣するかはケースバイケースであり,それはその国家の国益に基づくものであるということがわかる。ここでも現実主義の正当性が垣間みえるということになる。

2－3 ヨーロッパにおける地域統合：理想主義のケース①

　東西冷戦時代には,米ソの傘下国による局地的な「代理戦争」といわれるものがあった。たとえばイスラエルとその周辺のアラブ国家との間の中東戦争（ここではイスラエルがアメリカ側,アラブ諸国がソ連側),インド・パキスタン戦争（インドがソ連側,パキスタンがアメリカ側),イラン・イラク戦争（イランがソ連側,イラクがアメリカ側）がそれに当たる。しかしこの代理戦争というのは,その言葉のごとく「アメリカとソ連の覇権争い」を主目的としている戦いではない。これは中東や南アジアで,その地域における諸事情で戦争が起こり,その戦争に米ソが自分の傘下の国を援助するために武器を供給しているに過ぎない。すなわち東西冷戦の時代は,資本主義と共産主義がそのアイデンティティーを賭けて真っ向から対立したイデオロギー戦争というものはほとんどなく,もろもろの地域戦争があったに過ぎない。そういう意味では,その時代においては冷戦の名にふさわしく国際社会は「冷え切っていた」まではいかないが「クールであった」といえよう。

　それでは,どうして冷戦時代が比較的に「クールであった」のか。いい換えれば,どうして冷戦時代に大国同士が対決する戦争がなかったのか。これにはいろいろな事柄が考えられる。まず考えられるのが「核抑止力」の原理である。上述したように,東西冷戦時代に核兵器保有国や保有量は「ドミノ理論」や「核兵器のジレンマ」に従い増加していった。その結果,核兵器をいったん使用することになると致命的な被害を受けることになり,結局核兵器は「使用されないが戦争を抑止する」兵器としての機能が果たされた。

しかし冷戦時代に深刻な戦争が起きなかった理由は，核抑止の原理だけであろうか。実際に核兵器を保有している国家は，世界広しといえど10カ国にも満たない。つまり核兵器を保有しない国家間（とりわけ中堅国家間）での通常戦争が起きても不思議ではなかったはずである。それではどうしてそのような国家で戦争を起こさなかったのか。それは第1次世界大戦，および第2次世界大戦による悲惨な戦争被害により世界の多くの国々が反省し，あのような大規模な戦争を起こすまいと国際社会が決意したからではなかろうか。とくに欧米諸国や日本のような世界の主要国が大戦後に戦争を起こしていないのは意義深い。

　ヨーロッパ諸国に関していえば，中世時代よりナポレオンの時代を通して絶え間なく戦争を繰り広げてきたが，第2次世界大戦後はその反省をふまえ，ヨーロッパ内での戦争を回避することを目的として地域共同体を作るようになった。このような地域連合および地域統合は，ヨーロッパのみならずアジア，アメリカ，アフリカ等でも形成されるようになった。国家同士が協調しあうということは国家同士が相互依存するということであり，国際政治の理論では理想主義の原理が働いていたといえる。ここではヨーロッパを例に取ってみる。

　第2次世界大戦後，ヨーロッパでは，1952年にヨーロッパ石炭鉄鋼共同体（ECSC）が発足された。これはヨーロッパ内の石炭や鉄鋼の貿易に関する関税の撤廃を目指すもので，フランス，西ドイツ，イタリア，オランダ，ベルギー，ルクセンブルグがこのECSCに参加した。さらにこの6カ国の間で石炭・鉄鋼以外の分野での協力体制の必要性が論じられ，1958年にヨーロッパ経済共同体（EEC）とヨーロッパ原子力共同体（EURATOM）[5]が設立され，この3共同体は，1967年に統一され，ヨーロッパ共同体（EC）と総称されることとなった。

　このように「1つのヨーロッパ」すなわちヨーロッパ統合に向けて1950年代から1960年代においては，ヨーロッパの経済における統合がある程度実現された。これは「ヨーロッパの国家間の戦争をなくす」という目標を達成するには，まずヨーロッパ内の国家の経済力を高める必要性が認識されたからである。これはいつの時代でも低い経済力すなわち貧困が争いを生むという自然の

原理に起因するものである。現実に第2次世界大戦後に経済的に疲弊したヨーロッパ諸国は，アメリカからも財政援助（マーシャルプラン）を受けていた。そして1970年代には日本，そして1980年代にはアジア諸国の経済的台頭を受け入れるようになり，この1950・60年代におけるヨーロッパの経済的統合への動きは正しい選択であったといえる。このように経済的にせよヨーロッパの主要6カ国が統合への道を歩みだしたことは，この地域が中世の時代より常に争いを行ってきた事実を鑑みると画期的なことであった。特に領土問題等で長年戦争が絶えなかったフランスとドイツ（当時は西ドイツ）が協調体制を築きはじめたことは大いに注目すべきことであった。

このように国家間の協調体制の構築というものは，現実主義者にとっては受け入れられるものではないが，理想主義者にとっては積極的に歓迎すべきことであった。また国家が安全保障のみならず経済の発達により重点を置くという政策も現実主義者には相容れないものであったといえる。

当初は6カ国ではじまったECは，1973年にはイギリス，アイルランド，デンマークが，1981年にはギリシャが，そして1986年にはスペイン，ポルトガルが加盟しECは次第に拡大していった。

1990年代になるとヨーロッパは，経済の分野のみならず，政治，軍事，金融の分野を含む包括的な地域統合を目指し，1991年ついにその念願を達成すべくヨーロッパ連合（EU）が発足された。本部は，加盟国の言語であるオランダ，フランス，ドイツ語が話されているベルギーのブリュッセルとなった。2007年にはポーランド，チェコ等の東ヨーロッパ主義国やキプロスやマルタのようなヨーロッパの小国も含めて10カ国が同時に加盟を果たした。さらに2007年には残りの東ヨーロッパ諸国のブルガリアおよびルーマニアが加盟し，2015年現在EUは28カ国，人口約5億人の大経済圏に成長した。また1999年にはEU共同通貨ユーロを導入し，EU加盟国のほとんどの国がユーロを国内通貨として使用している。

このEU設立によるヨーロッパの統合によりEU 27国内における「人」「もの」「金」の流れが完全に自由になった。この事によるEU加盟国内の利点は

計り知れない。たとえば，EU内の関税が撤廃または大幅に緩和されることにより，EU内の企業が国境を越えての販売が広がり，市場が広がることが可能になった。その結果，それぞれの国の企業がほかの国の企業と競争になり，競争力が強まる。また貿易のみならず工場や企業ごとの海外移転も容易になる。たとえば，賃金水準の高い国（ドイツ等）が，安い国（ポルトガル等）に工場を移転することにより人件費を節約することが容易になる。また統一通貨ユーロの導入に対するメリットも大きい。これは個人レベルで通貨の両替が必要でなくなる分，旅行者は手数料負担がなくなる。また通貨統一のために，他国との物価が容易に比較できる。さらに国レベルの問題でも，EU同士の国家の貿易に米ドルを使用しなくて済み，その結果世界経済全体でドルの地位が相対的に低下し，ユーロの地位が上昇する。

またEUを1つの経済圏としてとらえた場合，各国家がすべての産業に均等に従事していくよりはEU内での国ごとに特定産業に特化していく経済戦略も注目される。その結果ハンガリーは，EUのなかでもIT産業の拠点を目指すようになり，チェコも同様に自動車産業の拠点を目指すようになった。

政治外交の分野でもEU統合によるメリットは大きい。EUには独自の議会そして2009年11月よりEUの大統領が誕生した。国家としての独自の政策を尊重する一方，多様性の中にもEUとしての共通の政治政策を追求することは，今まで秘密裏にしていた情報を公開することにもつながる。その一例として，フランスの外務省には仏独連帯事務局を設置することによりフランス・ドイツ間の情報を共有し，仏独の結束を高めることとなった。また外交政策においてEUは，テロや中東問題に対して共通した政策をもち「テロとの戦いは国際法に従うべき」という一貫性をもった主張をし，実際にアメリカがイスラエルのパレスチナに対する永年の武力行使を黙認しているのに対して，EUは中立的な立場をとっている。「ヨーロッパ安全保障戦略」では，アメリカの一国行動主義を批判し，EUは多国間主義を提唱している。つまりEUは，国連中心の外交も推進している。

また地球温暖化等を扱う環境問題に関しても，EUはアメリカと一線を画し

ている。1997年に京都における国連気候変動枠組み条約第3回締約国会議（COP 3）で採択された，いわゆる「京都議定書」では，先進国全体で温室効果ガス6種類の排出量を1990年レベルから平均5.2％削減を目標とされた。その際に共同達成方式ではあるが，日本6％，アメリカ7％，そしてEU 8％の削減が課せられた。しかしその後アメリカでは，1999年上院議会において「途上国の意味ある参加が義務とされない議定書には反対する」という議決が可決され，結局京都議定書から脱退を表明した。一方EUは，京都議定書を批准し，温室効果ガス8％削減という目標は達成された。また海洋環境の保護のために漁獲高の制限をEUの加盟の条件としている。

同様に人権問題に関してもEU内で統一した見解を示している。たとえば死刑制度に関しては，EUはあらゆる状況下での死刑制度の廃止の立場を示している。死刑制度の廃止は，EUの加盟条件にもなっている。EUは人類の生に対する尊厳に基づき，世界全域での死刑廃止を目指しており，日本，アメリカ，中国といった死刑制度を採用している国々にその制度の廃止を呼びかけている[6]。

さらに軍事面においてもEUはヨーロッパのみならずその周辺地域の安全保障体制の構築のために大きな貢献を果たしている。そのひとつにヨーロッパ迅速展開軍（ERRF）がある。ERRFは，1990年のEUにおけるヘルシンキ大会で提案され，2000年11月にはその設立がEUの能力向上委員会で正式に決定された。ERRFの設立により60日間以内で60,000人のEU兵士のPKO等のオペレーションへの展開が可能になり，EUはそのような展開軍を最低1年維持させることが可能になった。その結果2003年5月EUは，アフリカのコンゴ民主共和国の治安維持および平和構築のために，EU加盟国15カ国から構成されるEU軍（IEMF）1,800名の兵士を4カ月間派遣した。またEUは，ヨーロッパの軍事産業の育成とEU軍の装備面の強化を目的としてEU内での戦闘機（Euro Fighter）の製造に着手した。この戦闘機の製造はEU加盟国内での分業とし，イギリスがコックピットを，イタリアとスペインが翼を，ドイツが胴体の組み立てを担当している。

もちろんヨーロッパの統合には問題点は存在する。たとえば，EU内の高い経済力の国は，弱い経済力の国より多くの移民を受け入れる可能性があり，自国民の失業率の増加や国内の治安の悪化も予想される。またEUの加盟国や加盟を希望する国家は，EU内で定められた高い基準（貿易，経済，環境，人権等）に従わなければならない。その基準に達しえない国家，または企業は競争力に屈し淘汰される可能性もある。またあらゆる面において「EUでの共通政策」を追求するあまりに自国らしさ，つまり国家のアイデンティティーを失いかねない。

　しかしそのような問題点や懸念を考慮しても，上述したように「ヨーロッパが1つになる」というヨーロッパ統合に対するヨーロッパの国々および人々の念願は根強い。そして現実としてEUという形のもとにヨーロッパがこのような高次元で統合しているという事実は，原点に戻ると「ヨーロッパで2度と戦争を侵してはならない」という決意の表れである。これは現実主義でいうホッブスの「原則的に国際社会はアナキー（無政府状態）である」という理論とは大きくかけ離れており，まさに理想主義的な傾向である。国家は依存し合う，協力し合うことができるという典型的な例を第2次大戦後のヨーロッパで見出すことができる。

2－4　「人間の安全保障」，「人道的介入」と「保護する責任」：理想主義のケース②

　1980年代の後半から1990年代の前半にかけて東西冷戦が終了し，アメリカ一極の民主主義社会の到来と国際安全保障体制の確立が期待された。しかし現実には「冷たい戦争（Cold War）」が「熱い平和（Hot Peace）」に取って代えられたともいわれている。ここでいう「熱い」とは，一国内における過熱した民族および宗教紛争のことをさす。

　冷戦時代においては，非同盟諸国や中立国家が存在していたものの，国際社会は資本主義の筆頭であるアメリカあるいは共産主義の筆頭であるソ連の傘下

に入っている国家が多かった。そのような国家で内乱等が発生した場合は，それが資本主義国家であった場合は，そのような内乱が左翼化グループの暴動ではないかと想定されアメリカより直接介入や内乱鎮圧のための武器援助等がなされた。これは上述した1983年のグレナダへのアメリカの軍事介入がそれにあたる。成功はしなかったものの1960・70年代のアメリカのベトナム介入，いわゆる「ベトナム戦争」もその典型的な例である。一方ソ連も共産圏国家の内乱には自らの軍隊を介入させた。たとえば1956年ハンガリーでは，ソ連の支配に対する全国規模による民衆が蜂起し，その民衆に支持を受けたものが政権を握った（ハンガリー動乱）が，ソ連軍に侵攻を受け，ソ連寄りの政権にとって代えられた。同様に1968年，チェコスロバキアで起こった共産主義体制における変革運動も，ソ連軍主導のワルシャワ条約機構軍による軍事介入によって失敗に終わった。

　冷戦が終了し，ベルリンの壁が崩壊し，旧ソ連の国々やソ連の衛星国家では次々と民主化革命によって国内における内乱が勃発した。ユーゴスラビアでは，対ソ連で団結していた国民意識は解体され，歴史的に複雑な民族感情や宗教感情が表面化し，国内紛争へと激化し，ユーゴスラビアは解体された。

　冷戦が終了することにより，アメリカやソ連等政治大国における地域紛争における介入への動機づけが減じていき，アジア・アフリカにおいてもそれまで冷戦構造のなかで，良い意味で緊張を保っていた秩序が崩壊し，各地で民族・宗教間での紛争が勃発した。たとえばアフリカのソマリアでは，1991年バーレ社会主義政権が崩壊した後に，反政府勢力間での内紛がはじまった。新政権に対してアイディード将軍が反発すると，内戦は各地の士族勢力を巻き込みながら全土に広がった[7]。前にも述べたようにルワンダでは，フツ族とツチ族における長年の敵対意識が1994年のフツ族のツチ族への大虐殺へとエスカレートした。スリランカでは，仏教徒である多数派シンハラ人とヒンズー教徒である少数派タミル人の民族対立が激化し，1995年以降劣勢のタミル人の過激派組織（「タミル・イーラム解放のトラ」）が，自爆テロを敢行し，抗戦を続けた[8]。

　上記にあげたような国内紛争は，国家間同士の通常戦争とは性質を大きく異

にした。国内紛争の特徴としてまずあげられるものは，一般市民の紛争への関与である。国家間の通常戦争において兵士は国家の軍隊に所属している軍人であり，その軍人が戦う相手も相手国の軍人である。しかし国内紛争において兵士になるのは一般市民である。彼らが戦う相手も一般市民である。つまり国内紛争では，一民族や一宗教のアイデンティティーをかけてその民族・宗教に属する者たちが総力をあげて戦うことになる。その際には，成人に満たない少年たちが兵士になることも珍しくない。同様に女性や子供を含めたあらゆるものが攻撃の標的となる。

また国家間の通常戦争では，戦争の前には軍人たちによる適切な訓練や軍事教育が施されるが，国内紛争では兵士たちはそのような適切な訓練を受けることはあまりなく，半ば即興的な状況で紛争に駆り出される。そのような事前訓練や教育の代わりに，「わが民族のために」というような同朋意識，アイデンティティー，さらにはナショナリズムを全面的に押し出し，戦闘意識をあおりたてることが多い。その際にはメディア等は頻繁に利用される。このように国内紛争においては，兵士を軍事的に訓練するというよりは，精神的に洗脳していく方法がとられる。

このように兵士が精神的に洗脳されていくことにより，兵士間の道徳的・倫理的感覚は徐々に麻痺していき，戦闘行為はとても残酷なものになっていく。たとえば，銃撃し合う兵士の前に女性や子供を「人間の盾」としておくという通常では考えられないような反人道行為もみられた。

またこのような国内紛争は，途上国で発生することが多い。途上国のような教育を受ける機会が十分に受けられないところでは，このような戦闘の残酷性というものは防ぎづらいと考えられる。たとえばアフリカのアンゴラでは，政府軍（MPLA）と反政府軍（UNITA）との戦闘により，1993年から94年にかけて30万人，1日換算で1,000人もの死者を出す「世界で最悪な戦争」となった[9]。このような残酷な戦闘行為は，ときには，上述したようなルワンダやスレブレニッツアのような深刻な民族浄化政策や大虐殺（ジェノサイド）にまで発展していくこともある。

このような国内紛争は国内経済にも大きな影響を及ぼす。国内紛争では一般の市民が戦争に駆り出されるのであり、つまり一家の働き手の多くが戦争に参加することになり、国内の労働力が急激に減少する。また軍事施設を攻撃の標的とする国家間の通常戦争とは異なり、国内紛争では国内の至るところが戦場となる。すなわち国内紛争により経済活動の場も急激に減少する。簡単にいえば、それまで重要な収入源であった畑が戦場になってしまうのである。当然ながら残酷な国内紛争が行われているところには海外からの投資も入りづらい。下の表は、冷戦後に国内紛争が起きた主要国の1人当たりの国民所得（2005年）とその世界における順位である。

図表2－4　国内紛争が起きた主要国の1人当たりの国民所得とその世界における順位

主要紛争国	1人当たりの国民所得 （2005年，米ドル）	世界順位 （世界207カ国中）
ボスニア	3,230	106
ルワンダ	250	199
カンボジア	490	180
スーダン	800	162
コンゴ共和国	1,050	150
シエラレオネ	240	200
リベリア	130	207
ソマリア	公表せず	

出所：2006年世界銀行の資料より。

　このように国内紛争の主要国の1人当たりの国民所得の多くは、世界では最下位グループであり、すなわち最貧国に属する。また上記の主要紛争国のうち、ボスニア（旧ユーゴスラビア）はヨーロッパに属するが、その他はアジア（カンボジア）やアフリカ（その他全国家）という途上国地域に属する。さらにこのような最貧国の紛争地域に、自然災害が重なると事態はさらに深刻化する。たとえばアフリカのソマリアでは、1990年代の前半には国内紛争による経済（農業）

収入が減少し，さらに長引く干ばつが追い討ちをかけ，その結果ソマリア全土が大飢饉となった。そしてソマリアでは，人口の 800 万人の大半が飢餓状態になり，死者は 1 日数千人にのぼった[10]。さらにこのような国内紛争の被害者のなかには，自分達の住む土地を追われ国内避難民，あるいは祖国からも逃れ国外で難民になるものも多い。難民生活においては最低限度，もしくは最低限度以下の生活を強いられる。衛生問題も深刻化し伝染病も蔓延することも多い。

　このように発展途上国が，国内紛争を行うと国民の生活は暮らすことができる最低限の生活を余儀なくされ，そこに突発的な自然災害や伝染病の発生等に見舞われると，その国民全体が生命存続の危機に直面し，国家の崩壊の危機となる。

　このような悲惨な生活状況のなかで，人々は穏やかに平静を保って生きていけるはずもない。生活は困窮すれば身近なところで治安も悪化し，窃盗や略奪が増えモラルの低下が防げなくなる。このような悲惨極まりない生活を送っているのもすべて敵対する民族や宗教グループのせいであると多くの人々は考えてしまう。さらに内戦が長引くことによって自分の家族や身内の者達のなかで紛争の犠牲で亡くなる者が増えると，敵対する民族への憎意はさらに増大する。このような状況になると内戦はいよいよエスカレートしてしまう。つまり国内紛争に終了の糸口はみえなくなるのである。たとえ民族同士が一時的に和解したとしても，基本的な生活環境の改善，道徳的・倫理的学習を与えられる機会，民族指導者の意識改善がともなわない限りにおいては，紛争は再発してしまう。オクスフォード大学教授で経済学者のポール・クーリア氏によると，世界の国内紛争のおよそ半分のケースは，たとえ紛争が終了したとしても紛争終了後 10 年以内でまた紛争が再発してしまうという。まさに国内紛争ははじまってしまうと悪循環を繰り返すという「負のスパイラル」に陥ってしまう。

　さらに問題であることにそのような国内紛争を行っている国家の政治体制の多くは脆弱で不安定である。先進国で当然のように実施されている選挙よりも，軍事指導者や特定の部族の指導者が，武力によって制圧しその国の指導者になることが多い。また腐敗や賄賂も多く，紛争はその国家や部族の特権エリート

の個人的な利益，いわゆる「私腹を肥やす」ための戦いであることが多い。いい換えれば，そのような国内紛争の行われているところは悲惨な統治活動をしており，民主的な政治が行われていない。

このように人々や民族が，憎しみあい，力任せに紛争をはじめ，その紛争が終わらない状況は，国際政治理論においては「人や国家はそれぞれの欲望ゆえ戦う潜在意識をもち続ける」という現実主義にあてはまる。冷戦後の国内紛争国における「無秩序」にも等しい悲惨な戦争状況をみると現実主義というものを否定することはできない。

しかし国際社会全体が，やはり現実主義のごとくこの悲惨な世界の途上国で行われている国際紛争に対して「そうだ，戦争は避けられないのだ」と傍観していたのかといえばそうではなかった。この冷戦後の国内紛争の悲惨な状況（大虐殺，人間の盾，飢饉，伝染病）においてもなおその民族や宗教の指導者たちが国内紛争を続けようとする状況，または「負のスパイラル」に陥り国内紛争から抜け出せない状況を，国際社会は「人道的に問題である」すなわち「人道的危機」と判断し自らその問題にかかわろうとしたのである。

このような状況下のなかで，従来現実主義者のなかで主張され続けられていた「国家の安全保障中心主義」というものに疑問をもつものも多くなってきた。確かに国家の安全というものがなければ，そこに住む国民の生活も安定しない。しかし，民族や国家のリーダーによる倫理観に偏った政治によって，その国民が安心して生きられないばかりか，その生命までも危ぶまれたときに，国際社会や諸外国の人々は傍観できるであろうか。このようにして従来の「国家の安全保障」のみならず「人間の安全保障」という概念が広められていった。この「人間の安全保障」という言葉を世界で最初に公の場で使用したのは，日本の小渕首相であったことは特筆すべきである。彼は，1998年12月「アジアの明日を造る知的対話」において人間の安全保障についての考え方を表明し，その後国連に5億円規模の「人間の安全保障基金」設立のため拠出することを表明した。具体的には，国連を通して日本政府がタジキスタン，コソボ，東ティモール等の国家に，医療，教育，食糧部門等での財政援助を行ってきたのであ

現地の東ティモールの人々にコーヒーの生産を指導する日本のNGOグループ
／写真提供：ピースウィンズジャパン

る⁽¹¹⁾。さらに2000年9月には，国内紛争で荒廃したアフリカの人々を救うことを大きな目標として，国連にて「ミレニアム開発目標」というものが掲げられた。この「ミレニアム開発目標」は2015年までに達成すべき具体的な数値目標を設定している。たとえば2015年までに「1日1ドル以下で暮らす人の数を半減させる」「世界のすべての子供たちに初等教育を受けさせる」「5歳未満の幼児死亡率を今の3分の2に減らす」「安全な飲料水を飲めない人の数を半減させる」などである。（アメリカがルワンダの大虐殺になんら関与しなかったと前述したように）現実主義の立場でいえば，アフリカという地域は，大国にとってあまり国益のないところである。しかしそのような地域に，大国をはじめとする国際社会は立ち上がり，アフリカの人々の命を救っていくことに対して具体的な数値目標を立てるほど大きな決意を表明したことになる。このように「アフリカ救済」に対して後戻りできないような状況を国際社会は自ら構築して行った事実は，現実主義では説明ができないといえる。いい換えれば，人間

の安全保障という概念は理想主義の本流である。

　また「人間の安全保障」は，貧困，教育，医療といった開発の分野には留まらず，軍事的な面でも介入する概念が生まれた。つまりアジア・アフリカ地域における「人道的危機」を解決するために軍事面において「人道的介入」をするということである。いい換えれば，国内紛争において，国民に対して深刻な人権侵害が起こり，その国民に対して大規模な苦痛や死がもたらされているとき，ほかの国家がその国の同意なしに軍事力をもって介入することができるということである。これは，前述した1994年のルワンダ大虐殺や，1995年のボスニアのスレブレニッツアの虐殺等を国際社会が食い止めることができなかったことで「人道的介入」という概念は一層広く奨励されるようになった。たとえば1999年ユーゴスラビア連邦共和国のコソボ自治州（現在のコソボ）においてセルビア人勢力によるアルバニア系住民の虐殺を止めるという目的で北大西洋条約機構（NATO）はコソボのセルビア人勢力の軍事基地に対して大規模な空爆を実施した。これはNATOが，ミロシェビッチ大統領率いるセルビア人勢力がアルバニア系住民に対する反人道的戦争犯罪を国際法の重大な罪とみなし，その行為が「人道的に」許されるべきではないとして，武力をもってこれに対応したのである。ミロシェビッチ大統領は，国内紛争において残虐行為を指揮した国家の独裁者として国際社会から非難され，その後拘束され，国連旧ユーゴスラビア国際戦犯法廷（オランダ・ハーグ）にて人道に対する罪で裁判が行われた[12]。1648年のウェストファリア条約以降，国際社会において絶対的存在として保護されていた国家主権は，ユーゴスラビアにおいて国際社会が人道上の理由で軍事的介入したこと，そして国家の最高責任者が国際刑事裁判にかけられたことにより，その原則が揺らいだことになった。このNATO軍のコソボにおけるセルビア人武装勢力への空爆には，賛否両論の見方がとられた。すなわち一方では，この旧ユーゴスラビアの国内紛争に対する諸外国の軍事的な人道的介入は，見方を変えれば「外部の争いに対して自国の軍隊の犠牲者を出すというリスクを覚悟で，その争いに介入する」ということであり，それは自国本位ではなく，利他的な行為であると考えられる。しかし他方においてこ

のNATO軍の空爆は，国連の承認を得られないまま実施され，国際法上正当的な武力介入ではないとの批判も受けた。

　この「人間の安全保障」や「人道的介入」という概念は，「保護する責任」というさらなる新しい概念を導き出した。この「保護する責任」は，1) 国家主権は人々を保護する責任をともなう，2) 国家が保護する責任を果たせない場合は国際社会がその責任を務める，3) 国際社会の保護する責任は不干渉の原則に優越する，の3つであるという(13)。いい換えれば，どこかで人道的に被害を受けている人たちがいた場合，それをみたものが保護すべく介入をする責任があるということである。「保護したほうが良い」ではなく「保護しなくてはならない」という強制力が増したのである。具体的には，2001年12月国連事務総長の要請に基づき，カナダで行われた「介入と国家主権についての国際委員会（The International Commission on Intervention and State Sovereignty：ICISS）」において「保護する責任」についての明確な規定が設けられた。すなわち，前述のコソボにおけるNATO軍の空爆の正当性を巡る議論を踏まえ，国連事務総長が，外部組織による軍事的介入する際の基準を明確にする必要性を強く実感したからである。

　その国際委員会の報告書では，人々を保護するための外部からの軍事介入は最後の手段であって，危機予防や平和的解決が成功しなかった場合に実施される例外的措置でなければならないと規定されている。また介入規模は，目的確保のための最小規模のものであり，介入することによる迫害停止等の合理的な成算が見込まれなければならない。また実際に軍事介入するのは，大規模な人命の喪失や民族浄化といったような重大で取り返しのつかない迫害が加えられている時に限定される。また国連もこのような大規模な人命の損失や民族浄化の訴えがあり，介入の要請があった場合は直ちに対処しなければならないとしている(14)。この国際委員会の報告書は，国家における主権を最大限に配慮するような慎重な文面も多くある一方，国民を保護するための具体的な規定を設けることにより，今後国際社会の一国への軍事介入が正当化されることになったことは意義深い。これは明らかにルワンダやスレブレニッツアで行われた大

虐殺や民族浄化の際に、国連平和維持隊が現地に駐留していながら無力であったといった反省に基づいている。すなわち国家や国際社会は、過去の反省や教訓を生かし、より平和な世界に向けて相互に理解し合うことが実践されていることになる。

このように東西冷戦が終了し、反人道的な民族・宗教紛争が勃発し、その国民が迫害され、その命が危ぶまれるような事態になったときに国際社会は「人間の安全保障」「人道的介入」そして「保護する責任」という考えを追求し実践化していった。そしてそれを試行錯誤をしながらも改善していこうとする国際社会の行動は大いに評価できる。国家や国際社会が道徳的に改善されることは、国際政治の理論でいえば理想主義の流れに沿っているといえる。そして何よりも「他国の人々のために貢献する」という利他的な発想は、冷戦後の国際社会にみられた新しい形ではなかろうか。

【注】

(1) 広島平和記念資料館 Web Site. http://www.pcf.city.hiroshima.jp/Peace/J/pNuclear1_1.html 2010年9月3日参照。
(2) 池上彰『そうだったのか！ 現代史』集英社、2000年、p. 220。
(3) 高井晋『国連PKOと平和協力法』真正書籍、1995年、p. 62。UNPROFORは、1991年ジュネーブで、1992年1月にサラエボでそれぞれ調印された停戦合意に基づいて、停戦監視、不正規民兵組織の武装解除、地方警察の公正な活動の監視などを主な任務とした。
(4) 毎日新聞社外信部（編著）『世界の紛争がよくわかる本』東京書籍、1999年、p. 111。
(5) EURATOMは、原子力の平和利用のための開発・研究を促進する地域機構であり、原子力兵器の開発を目的とするものではない。
(6) 海外の死刑情勢 http://www.geocities.jp/annh21024/uedayuya/kaigaizyousei.htm 2010年9月14日参照。
(7) 古藤晃『世界の紛争ハンドブック』研究社、2002年、p. 150。

（ 8 ）毎日新聞社外信部（編著）『世界の紛争がよくわかる本』東京書籍，1999年，p. 148。
（ 9 ）古藤晃『世界の紛争ハンドブック』研究社，2002年，p. 163。
（10）北村治「保護する責任と介入の正義」内田孟男（編）『地球社会の変容とガバナンス』中央大学出版部，2010年，p. 72。
（11）外務省ホームページ「人間の安全保障」http://www.mofa.go.jp/mofaj/gaiko/hs/hosho.html 2010年9月24日参照。
（12）その後，2006年ミロシェビッチは収監中の独房で心臓発作のために死亡し，裁判は中途で終了した。
（13）北村治「保護する責任と介入の正義」内田孟男（編）『地球社会の変容とガバナンス』中央大学出版部，2010年，p. 63。
（14）*The Responsibility to Protect : Report of the International Commission on Intervention and State Sovereignty*, December 2001.

第 2 部

国連 PKO へのアプローチ

東ティモールにおける国連 PKO（文民警察官）／筆者撮影

第 3 章
国際連合の基礎知識：
「理想主義の理想」を目指して

3−1　国際連合の誕生

　国連憲章の前文に「我々の一生のうちに，二度まで言語に絶する悲哀を人類に与えた惨害から，将来の世代を救う」と記してあるように，国際連合の設立目的は，第1次世界大戦および第2次世界大戦のような世界のほとんどの大国が関与する戦争を二度と起こさせないことにある。現在国際連合は世界の平和と安全の維持を目的とする唯一の国際平和機関である。
　しかし国際連合が20世紀に設立された最初の国際平和を目指す国際機関ではない。アメリカのウィルソン大統領の十四カ条の平和原則により提唱され，1919年のヴェルサイユ条約に基づき，翌年の1920年に国際連合の前身である国際連盟が設立された。しかし国際連盟設立の原動力となったアメリカが，上院の孤立主義派による反対のために，国際連盟には最初から不参加を表明した。また総会と理事会の会議の議決は多数決ではなく「全会一致」のために有効な解決策を即時に提示することは困難であった。また安全保障に関しては，ある連盟国に戦争を訴えた国は，すべての連盟国に戦争行為をなしたものとみなされ，すべての連盟国が経済制裁にあたるという集団安全保障体制が採られた。しかし連盟軍を組織することはできず，よって軍事制裁は実行できなかった。1929年の世界恐慌により世界にファシズムが台頭し大国間の紛争が激化すると，国際連盟の無力化は露呈された。その後1931年の満州事変を契機に，日本は1933年に連盟から脱退し，ドイツも同年に脱退した。1935年イタリアが

エチオピアを侵略した際に，国際連盟はイタリアに経済制裁を発動するも，イタリアのエチオピア併合によりその経済制裁も解かれてしまった。その結果1937年イタリアも連盟から脱退した。ソ連も1934年に連盟に加盟を果たしたが，1939年ソ連のフィンランド侵略を理由に，同国は連盟より除名処分となった。こうして連盟主要加盟国が次から次へと脱退し，国際連盟の機能は完全に失われ，ついに1939年第2次世界大戦の勃発が現実化されていった[1]。

　第2次世界大戦は，アメリカ，イギリス，フランス，ソ連，中華民国を中心とする連合国側とドイツ，イタリア，日本を中心とする枢軸国側との間で行われ，1945年の終戦までには世界のほとんどの国家が連合国陣営に属するといった，文字通りの世界規模の戦争となった。この戦争は連合国側の勝利に終わったが，この戦争による軍人の死者は，連合国側，枢軸国側双方合わせて2,500万人であり，民間人を合わせると6,200万人もの人々が死亡するという大きな被害をもたらした。この戦争被害のなかには，一度に大勢の罪のない人々が殺戮を受けるという反人道的戦争犯罪も多くみられた。たとえば1939年ポーランドは，ドイツ・ソ連両国に分割され，なかでもソ連軍占領地域では，いわゆる「カティンの森事件」において25,000人のポーランド人が殺害された。ポーランドでは1939年から1941年の間に180万人が殺害されたり国外追放された。またドイツは，ユダヤ人をアウシュヴィツ＝ビルケナウやトレブリンカ，ダッハウといった強制収容所に強制連行して毒ガスを使用して大量殺戮（「ホロコースト」）を実施し，数百万人の人々の命が奪われた。また終戦直前の1945年8月に日本の広島と長崎に原子爆弾がアメリカ軍によって投下され，被爆直後において15万人の人々が犠牲になった。また戦勝国側の兵士が終戦直前に戦敗国の人々に対して性的暴力を行うなどの反人道的・反道徳的事件が多発した。このように世界規模の大惨事とも思える第2次世界大戦のような戦争を2度と起こしてはならないという決意が国際社会に浸透していった。

　1944年8月21日から10月7日にかけてアメリカ・ワシントンDCのダンバートン・オークスにおいて国際会議が開かれ，国際連合設立に向けた討論が行われた（ダンバートン・オークス会議）。参加国は，アメリカ・ソ連・イギリス・

中国の4カ国であった[2]。このダンバートン・オークス会議において，国際連合においては安全保障理事会が設立され平和と安全の維持に対する主要な責任を負うことが決められた。そして安全保障理事会においては大国一致の原則がとられ，大国が1国でも反対すれば決議が採択されないという「拒否権」の制度が導入されることが4カ国間でほぼ合意された。また，この会議においてソ連が，連邦を構成する16の共和国全てを国連に別個で加盟することを要求した。これはソ連が国連の加盟国数において資本主義国とのバランスを考慮していたからであった。そして1945年のヤルタ会談において，大国の拒否権がほぼ決定された。これは肝心の安全保障に関して不可思議な「真空地帯」をもうけたことになり，後々禍根を残すこととなった[3]。ソ連の国連加盟国の構成に関しては，ソ連とは別個に白ロシア（現ベラルーシ）とウクライナが加盟することで了解が得られた。

そして1945年4月25日から6月26日にかけて，国際連合に関する最終的な会議，すなわちサンフランシスコ会議が行われた。この会議では，大国主導の国際安全保障体制の象徴である拒否権対して不満をもつ中小国が代わりに享受できる新しい概念が登場した。それが集団的自衛権である。これは同盟関係をもつ国家グループの中の1カ国にでも安全保障の危害を加える国家が出てくれば，その同盟国全体でその国家に報復措置（軍事攻撃等）を加えることができるというものである。そして会議最終日の6月26日に，会議に参加した50カ国は作成された国際連合憲章に著名し，同年10月24日にアメリカ，ソ連，イギリス，フランス，中国を中心とした国際連合が設立された。そして1946年1月10日，第1回の国連総会がロンドンで開催され，国際連合の活動が実際に開始されたのであった。本部は，アメリカのニューヨークに置かれた。

この国際連合を英語に直すとUnited Nationsという。これは「連合国の集まり」という意味であり，日本語訳である国際連合の「国際」というような世界中の国家の集合体を意味するものではない。たしかにダンバートン・オークス会議もサンフランシスコ会議も国際会議と称されるが，実際にこれは第2次世界大戦の連合国側についた国家の集まりであり，当然枢軸国側の日本，ドイ

ツ，イタリアは参加していない。いい換えれば，第2次世界大戦後の社会において，日本・ドイツ・イタリア等のようなファシズムの台頭を防ぐことが国連設立の主目的であった。よってこのような国々は，明記はされていないものの国連憲章においては「敵国条項」として国際連合加盟国の「敵国」として扱われている。

　日本は，1952年サンフランシスコ講話条約にて連合軍占領の終了と共に独立を果たし，同時に国連への加盟を申請した。しかしその当時，米ソの東西冷戦はすでにはじまっていた。そして国連加盟国におけるアメリカのソ連の勢力図をみると，アメリカを支持する資本主義圏がソ連を支持する共産圏を大きく上まわっていた。よって日本の国連加盟は，冷戦時代においてこれ以上「アメリカ寄り」の資本主義国家を国連内に増やすことを防ぎたいと考えるソ連によって反対され続けた。そして1956年日ソ和平条約が両国間で締結された後にソ連の承認を経て，ようやく日本は国連に加盟することができた。ドイツ，イタリアも同様に1962年に国連に加盟を果たした。そして1960年代には，ヨーロッパから独立を勝ち取っていった多くのアフリカ諸国が国連の加盟を果たし，1990年代にはソ連から独立していった共和国が国連に加盟した。2002年には，独立を果たした東ティモールと，永世中立国であったスイスが国連に加盟し，2015年現在193の加盟国が国連に加盟している。

　国連の公用語は6つある。これは主に連合国を主導していった国家で使用されている言語である。その6つの公用語とは，英語，フランス語，ロシア語，中国語，スペイン語そしてアラビア語である。

3－2　国際連合の諸機関[4]

　国連憲章は国連に6つの主要機関を設置している。その6つの主要機関とは，国連総会，安全保障理事会，経済社会理事会，信託統治理事会，国際司法裁判所，そして事務局である。

　まず**国連総会**（General Assembly）は国連の主要審議機関である。総会は，

国連が取り上げるすべての問題について審議・勧告し，国際法の発達をはかる。国連全加盟国が参加し，「人類の議会」ともいわれている。国の規模に関係なく1国にそれぞれ平等に1票の投票権をもつ。決議の承認は，平和と安全に関する勧告，新加盟国の承認，予算事項などの重要問題に関しては3分の2，その他の問題には単純多数決の賛成を必要とする。

国連総会は，年1回の通常総会のほか，特別総会・緊急特別総会を開くことができる。通常総会は，毎年9月の第3火曜日にはじまり，12月半ばに終了する。総会は，通常総会の会期の初め各国からの一般基調演説を行い，各国それぞれが国際的に関心のある事項についての見解を表明し，自国の政策をアピールする場ともなっている。そしてその後に具体的な討議が行われるが，総会は大半の議題を次の7つの主要機関に付託する。

第1委員会（軍縮およびそれに関する国際安全保障問題）
特別政治委員会
第2委員会（経済，財政問題）
第3委員会（社会，人道，文化問題）
第4委員会（非自治地域問題）
第5委員会（行政，予算問題）
第6委員会（法律問題）

また特別総会は，安全保障理事会か全加盟国の過半数の参加で開かれる。なかでも緊急特別総会は，安全保障理事会の9理事国か全加盟国の過半数の要請で24時間以内に召集され，武力を含む集団措置がとられる。

国連の主要機関のなかで，国際社会の平和と安全の維持について主たる責任をもつものを**安全保障理事会**（Security Council）という。総会が，世界的な問題を包括的に討議するのに対して，安全保障理事会は平和や安全保障の問題のみを取り扱う。安全保障理事会は15の理事国で構成される。なかでもアメリカ，イギリス，フランス，ロシア（国連設立当時はソ連），中国の5カ国は，継

続的にそして永久に理事国であり続けられるという常任理事国である。残りの10カ国は，非常任理事国と呼ばれ2年任期で総会によって選出される。毎年2年の任期で終えた5カ国の後任として新たな5カ国が2年任期で選出される。各理事国に1票の投票権に与えられ，決議採択には15カ国中9カ国の賛成が必要である。しかし，そして特記すべきことに，常任理事国は前述したように「拒否権」を発動する権利を所有している。安全保障理事会の任務と権限は，主に次の3つである。

- 平和に対する脅威あるいは侵略行為の存在を確認し，それに対して取るべき行動を勧告すること。
- 侵略を防止あるいは阻止するために加盟国に対して経済制裁もしくは武力を含まないその他の措置をとるように勧告すること。
- 侵略国に対して軍事行動をとること。

　最後に述べた「侵略国に対する軍事行動」とは，すなわち安全保障理事会は，国連軍の設立および行動を行う権限を有するということである。これは前述したように，国連総会では平和や安全を維持するために「勧告」をするまでに留まるが，安全保障理事会はさらに強制的効力を有し，国際平和維持の「権限」をもつことを意味する。この安全保障理事会が，実質上の国連のなかでの最高意思決定機関であるといわれている所以である。安全保障理事会は，国連総会とは異なり定期会合はないが，いつでも短期間で召集することが要求される。よって理事国の代表は国連本部に常駐していなければならない。また安全保障理事会の下部組織には，加盟審査委員会，軍事参謀委員会，平和構築委員会等がある。
　3つ目の機関として**経済社会理事会**（Economic and Social Council）があげられる。経済社会理事会は，端的にいえば開発途上国の経済や社会問題の発展を主目的としている。ここでいう経済問題とは，貿易，輸送，工業化，経済開発等における問題をさし，社会問題とは，人口，子ども，住宅，女性の権利，人

種差別，麻薬，犯罪，社会福祉，青少年，人間環境，食糧等の問題をさす。経済社会理事会は54カ国で構成され，任期は3年である。毎年3年の任期を終えた18カ国の後任として新たな18カ国が3年任期で選出される。各理事国が1票の投票権をもち，決議は単純多数決で採択される。この54カ国は，地理的配分が重要視されており，現在アジア11，アフリカ14，ラテンアメリカ10，東欧6，西欧その他13カ国となっている。

経済社会理事会は，経済や社会に関する広範囲な分野に及んでいるために，多くの補助機関を設置している。具体的には，以下の委員会等である。

機能委員会
統計委員会，人口開発委員会，社会開発委員会，人権委員会，婦人の地位委員会，麻薬委員会，犯罪防止刑事司法委員会，開発のための科学技術委員会，持続可能開発委員会

常設委員会およびその他の専門家部会等
計画調整委員会，開発計画委員会，非政府組織（NGO）委員会，自然資源委員会，経済的・社会的・文化的権利委員会，新・再生エネルギー源および開発のためのエネルギー委員会，地理学的名称に関する国連専門家グループ，人間居住委員会，公共行財政に関する国連プログラムに関する専門家会合，税金問題における国際協力に関する専門家アドホックグループ，危険物輸送に関する専門家委員会

地域経済委員会
アジア太平洋経済社会委員会（ESCAP），欧州経済委員会（ECE），ラテンアメリカ・カリブ経済委員会（ECLAC），アフリカ経済委員会（ECA），西アジア経済社会委員会（ESCWA）

また**信託統治理事会**（Trusteeship Council）は，戦後植民地問題として非自治

地域に関する問題を扱っていた。当初アフリカやアジア中心に設けられた11の信託統治地域の監視を任務とした同理事会は，太平洋諸島のパラオが1994年10月に独立を果たしたのを最後にその役割を停止した。

　国際司法裁判所（International Court of Justice）は，国際連合の主要な司法機関である。本部はオランダのハーグにある。国際司法裁判所の役割は，国家間の法律的紛争を裁判によって解決することである。国際司法裁判所では国家のみが当事者になり，よって個人は当事者にはなり得ない。国連加盟国は，当然ながら当事国になるが，国連非加盟国も安全保障理事会の勧告に基づいて総会が個々に決める条件に従い，当事国になる事ができる。国際司法裁判所は，15人の裁判官で構成され任期は9年で再選も可能である。しかし同一国籍の裁判官が2人選ばれることはない。このように限られた国家の限られた人数の裁判官が，世界中からの紛争がありうる国際裁判において裁定を下すにあたり，次のような条約や慣習等を適用する。

- 係争国が認める諸原則を定めている国際条約
- 法として一般に受け入れられていることを示す国際慣習
- 各国で認められている法の一般原則
- 法の原則を決定する補助手段として各国で最も評価が高い国際法学者の判断や学説

　国連の主要機関として最後にあげられるものは**事務局**（Secretariat）である。事務局本部は，ニューヨークの国連本部ビルのなかにある。国際連合の諸機関が決定した活動計画や政策を実施する機関である。事務局は1名の事務総長と，国連が必要とする職員で構成される。事務総長は安全保障理事会の勧告に基づいて総会が任命する。職員については事務総長が任命する。職員は国際公務員として，その任務に関しては自国ではなく国連に忠誠を尽くすことが要求される。事務局の活動は多岐にわたるが，主なものとしては以下の通りである。

- 平和維持活動の管理
- 国際会議の開催
- 世界の経済的，社会的動向や諸問題の調査
- 人権・軍縮・開発などの問題についての研究
- 演説の通訳
- 文書の翻訳
- メディアへの国連についての情報の提供

　国連事務局代表が**国連事務総長**（Secretary General）である。任務は国際連合内部のめぐる事務的な運営のみならず，国連加盟国における紛争などに際しての調停や国連が扱う諸問題についての発言などの両方が含まれる。事務総長は，大国の支配を受けないように中小国から選ばれるのが通例である。国連設立以来の歴代の事務総長は図表３－１の通りである。

図表３－１　歴代の国連事務総長

	名　前	出　身	任　期※
初代	トリグブ・リー	ノルウェー	1946-53
第2代	ダグ・ハマーショールド	スウェーデン	1953-61
第3代	ウ・タント	ビルマ	1961-71
第4代	クルト・ワルトハイム	オーストリア	1972-81
第5代	ペレス・デ・クエアル	ペルー	1982-91
第6代	ブトロス・ガリ	エジプト	1991-96
第7代	コフィー・アナン	ガーナ	1997-2006
第8代	パン・ギムン	韓国	2007-現職

※任期は2013年現在。

3-3 国連憲章（UN Charter）

　国連憲章とは国連の基礎事項を規定した条約であり，国連活動の法的根拠となる。国際公法の最も代表的で象徴的な法律ともいえる。1945年6月のサンフランシスコ平和会議で採択され，同年10月に発効した。前文に続く19章111条から構成される。ここでは，国連憲章のなかの代表的な項目のみを記述する。

　2条4項
　　すべての加盟国は，その国際関係において，武力よる威嚇又は武力の行使を，いかなる国の領土保全又は政治的独立に対するものも，また，国際連合の目的と両立しない他のいかなる方法によるものも慎まなければならない。
（解　説）
　国際連合の加盟国は，基本的には，たとえ相手方に非があると思われても戦争につながるような武力の行使をこちらから仕掛けてはいけないということである。これは戦争をなくし平和と安全の維持を目的として設立された国際連合憲章の最も基本的な条項である。よって，たとえば日本が周辺国家とのひどく不条理な領土問題を抱え続けていたとしても，それをもってその国家に戦争を起こすことは国連憲章上あってはならないことである。

　2条7項
　　この憲章のいかなる規定も，本質上いずれかの国の国内管轄権内にある事項に干渉する権限を国際連合に与えるものではなく，また，その事項をこの憲章に基く解決に付託することを加盟国に要求するものでもない。
（解　説）
　国連が関与する武力の行使とは国家間の紛争に対してであり，一国内の紛争等の問題に関与することは国連憲章上望ましくないとしている。国際社会や外

部の国家が，ある国内の紛争や揉め事に関して，その歴史的背景や原因をはじめとする紛争の実情を把握することが難しい。よって表面上の紛争状況でその正当性の根拠を把握ことが困難であるために，外部の国家はそのような国内の情事に干渉することは避けるべきであるという見解である。これを内政不干渉の原則という。たとえば現在北朝鮮で行われている反人道的政策や，ミャンマーでの非民主的な政治に関して，国連等の国際社会が必ずしも十分な関与ができていないのは，この内政不干渉の原則によるところもあると考えられる。一方で，前にも述べたように東西冷戦後の国際社会においては，非人道的な国内紛争も多くみられ，「保護する責任」という原則も確立していき，必ずしも国連憲章の「内政不干渉」原則が貫かれているとはいいがたい。

11条1項
　総会は，国際の平和及び安全の維持についての協力に関する一般原則を，軍備縮少及び軍備規制を律する原則も含めて，審議し，並びにこの様な原則について加盟国若しくは安全保障理事会又はこの両者に対して勧告をすることができる。

24条1項
　国際連合の迅速且つ有効な行動を確保するために，国際連合加盟国は，国際の平和及び安全の維持に関する主要な責任を安全保障理事会に負わせるものとし，且つ，安全保障理事会がこの責任に基く義務を果すに当って加盟国に代わって行動することに同意する。

（解　説）
　上記の11条1項は国連総会，24条1項は安全保障理事会の「国際の平和及び安全の維持」に対するそれぞれの任務の位置づけを明記してある。総会では平和や安全の維持に向けて国際社会が一丸となって協力できるよう「勧告」することにとどまっている。一方，安全保障理事会は，国際平和や安全を維持するための主要機関として多大な責任を負っていることがわかる。よって安全保

障理事会は，この国際社会の秩序の維持のために加盟国に対して大きな「権限」が与えられている。

12条1項

　安全保障理事会がこの憲章によって与えられた任務をいずれかの紛争又は事態について遂行している間は，総会は，安全保障理事会が要請しない限り，この紛争又は事態について，いかなる勧告もしてはならない。

（解　説）

　上で述べた11条1項や24条1項にも関連するが，安全保障理事会（安保理）の決定は尊重されるべきであって，総会や他の加盟国は，たとえ安保理の決議が不服であってもその決定に従わなければならない。いい換えれば，それだけ大きな権限を与えられている安保理は，加盟国からの支持を得るために決議を事前に慎重に審議していかなければならないということである。

19条

　この機構に対する分担金の支払が延滞している国際連合加盟国は，その延滞金の額がその時までの満二年間にその国から支払われるべきであった分担金の額に等しいか又はこれをこえるときは，総会で投票権を有しない。

（解　説）

　国連の財政は，加盟国からの分担金と任意拠出金から賄われている。各国の分担金の金額は，その国の国力（国内総生産等）に応じて計算されており，ある意味においては相対的に平等に分担されているといえる。よってある国にひどく高額な分担金を要求しているのではないために，その支払いがある一定期間延納された場合には，上記のような制裁を受けることになっている。しかしながら過去においてアメリカ合衆国やソ連をはじめとする大国が延納した歴史があるが，国連が制裁を加えた事実はない。

23条1項

　安全保障理事会は，15の国際連合加盟国で構成する。中華民国，フランス，ソヴィエト社会主義共和国連邦，グレート・ブリテンおよび北部アイルランド連合王国およびアメリカ合衆国は，安全保障理事会の常任理事国となる。総会は，第一に国際の平和および安全の維持とこの機構のその他の目的とに対する国際連合加盟国の貢献に，さらに衡平な地理的分配に特に妥当な考慮を払って，安全保障理事会の非常任理事国となる他の10の国際連合加盟国を選挙する。

（解　説）

　前に述べたように安全保障理事会は，5カ国の常任理事国と10カ国の非常任理事国で構成されるが，非常任理事国の構成は地理的に偏りが生じないよう，アメリカ地域，アジア地域，ヨーロッパ地域，アフリカ地域からできるだけ平等に理事国を選出するよう配慮している。

27条2項・3項

2. 手続事項に関する安全保障理事会の決定は，9理事国の賛成投票によって行われる。
3. その他のすべての事項に関する安全保障理事会の決定は，常任理事国の同意投票を含む9理事国の賛成投票によって行われる。

（解　説）

　このように非手続き事項に関しては，大国一致の原則が貫かれている。すなわち常任理事国一国でも否決してしまうとその決議は採択されない。これは一般には大国の特権という意味で拒否権と呼ばれている。これは安全保障問題における大国の支配を合法化するとも考えられる。また東西冷戦時代においては，とりわけソ連の拒否権の発動が国際安全保障体制を麻痺された一因でもあった。

33条1項

　いかなる紛争でもその継続が国際の平和及び安全の維持を危くする虞のあ

るものについては，その当事者は，まず第一に，交渉，審査，仲介，調停，仲裁裁判，司法的解決，地域的機関又は地域的取極の利用その他の当事者が選ぶ平和的手段による解決を求めなければならない。

41条

　安全保障理事会は，その決定を実施するために，兵力の使用を伴わないいかなる措置を使用すべきかを決定することができ，且つ，この措置を適用するように国際連合加盟国に要請することができる。この措置は，経済関係及び鉄道，航海，航空，郵便，電信，無線通信その他の運輸通信の手段の全部又は一部の中断並びに外交関係の断絶を含むことができる。

42条

　安全保障理事会は，第41条に定める措置では不十分であろうと認め，又は不十分なことが判明したと認めるときは，国際の平和及び安全の維持又は回復に必要な空軍，海軍又は陸軍の行動をとることができる。この行動は，国際連合加盟国の空軍，海軍又は陸軍による示威，封鎖その他の行動を含むことができる。

（解　説）

　国際安全保障上問題とされうる行為に関しては，まず国連憲章6章に謳ってある「紛争の平和的解決」で対応していかなければならない。それは33条1項にあるように，交渉や仲介等による，いわゆる「話し合い」による解決が優先される。そのような解決がなされない場合にのみ，国連憲章7章に明記してある「平和に対する脅威，平和の破壊及び侵略行為に関する行動」に移行する。この国連憲章7章における具体的な行動は，まず41条にあげられるような「経済制裁」である。この経済制裁のなかで主流にあたるのは「貿易制裁」であり，国連加盟国が一致して，対象国への輸入・輸出双方の貿易を禁止するというものである。さらにこの経済制裁が機能しない場合には，42条に謳ってある「軍事制裁」に移行する。すなわちこの42条に基づく国連加盟国による

国連軍や多国籍軍による戦争は，国連憲章という国際法上においては「合法的な戦争」，あるいは国連からみれば「正義による戦争」ということになる。

51条

　この憲章のいかなる規定も，国際連合加盟国に対して武力攻撃が発生した場合には，安全保障理事会が国際の平和及び安全の維持に必要な措置をとるまでの間，個別的又は集団的自衛の固有の権利を害するものではない。この自衛権の行使に当って加盟国がとった措置は，直ちに安全保障理事会に報告しなければならない。また，この措置は，安全保障理事会が国際の平和及び安全の維持又は回復のために必要と認める行動をいつでもとるこの憲章に基く権能及び責任に対しては，いかなる影響も及ぼすものではない。

（解　説）
　国連憲章2条4項に謳ってある「武力行使の一般的禁止」は，国連の基本政策である平和的解決の象徴であるが，その例外的事項にあたるのが，上で述べた国連憲章7章42条による軍事制裁と，この51条の個別的自衛権および集団的自衛権である。この51条における武力行使は，外部からの武力行使を受け，国連憲章42条に基づく安全保障理事会の決定に従う集団措置としての軍事制裁が入る間に，一時的に自衛権を行使して自国や同盟国を守るという原則に従うことになる。我が国日本も，外部からの侵略行為等があった場合は，自衛のために自衛隊を出動させることは国連憲章によって認められるところである。

53条1項

　安全保障理事会は，その権威の下における強制行動のために，適当な場合には，前記の地域的取極又は地域的機関を利用する。但し，いかなる強制行動も，安全保障理事会の許可がなければ，地域的取極に基いて又は地域的機関によってとられてはならない。

（解　説）
　たとえば，北大西洋条約機構（NATO）やアフリカ連合（AU）のような地域

機構は，国際連合のような国際機構と比較してその地域紛争に関しての実情を深く知り，また集団的自衛権の行使のような事態になっても迅速に対応できる。よって「地域の警察官」としての地域機構による安全保障の維持というものは近年その重要性を増している。しかし国連憲章ではそのような地域機構による強制措置に関しても事前に国連の安全保障理事会からの承認を必要であることを明記している。これに関して1999年3月から5月にかけてNATOが旧ユーゴスラビアのコソボのセルビア人勢力の軍事組織に行った空爆は，国連の安保理の承認を得ておらず，よって国連憲章上の国際法には違法であり，国際社会から批判を浴びた。

99条
事務総長は，国際の平和及び安全の維持を脅威すると認める事項について，安全保障理事会に注意を促すことができる。

（解　説）

上で述べたように安全保障理事会は安全保障に関して絶対的な権威をもち，総会も安保理が執り行っていることに対してはいかなる勧告もできない。しかし99条で謳っているように国連事務総長は，安保理の動向に対して発言権を有する。それゆえ，国連事務総長は，安保理において「16番目のメンバー」と称されることもある。

このように国連憲章は，国際平和の維持と安全のために細部にわたる事項が明記されている。国連憲章は，理想主義の象徴である国際連合の機能を最大限に引きだすために制定され，現在でも国際公法の根本的なものとして高い評価を受けている。しかし，一方で制定されてから半世紀以上が過ぎている現在まで，国連憲章が必ずしも，そのすべてが守られてきたわけではない。たとえば，19条における国連憲章の財政的側面，そして53条1項の地域機構における強制行動に関しては，安全保障理事会の常任理事国のメンバーの国連憲章を軽視するかのような行動がみられたが，それに対する制裁等は行われてきていなか

った。また2条7項の国連の「内政不干渉の法則」も現在の国内紛争が主流である現在において，その有効性も疑問視されるところである。そして何より27条3項で認めた常任理事国の拒否権の発動は，理想主義の根幹である国際連合においては意を異にするものであるのみならず，その後の国際安全保障体制において障害になったものであるといえる。

　だからといってこの国連憲章が無意味なものであったということは決してない。むしろこの国連憲章を加盟国の多くが尊重してきた結果，国際社会における些細な不和を深刻な紛争に発展することを防いできたと考えられる。また国際社会から非難されてきた「ならず者国家」に対して国連憲章にのっとり経済制裁や軍事制裁を発動してきたからこそ国際社会が現在，より民主的な社会になっていると考えられる。

　これからも「理想主義の理想」を目指す国際連合において大切なことは，国連憲章を遵守すべきところを加盟国はしっかりと遵守し，見直すべきところは加盟国全体で時間をかけながら話し合い改善していくことではなかろうか。

【注】

（1）家正治，川岸繁雄，金東勲（編）『国際機構（第三版）』世界思想社，1999年，pp. 16-18。
（2）ただし厳密には，1944年8月21日から9月28日までは，アメリカ，ソ連，イギリスで討議され，9月29日からはアメリカ，イギリス，中国で討議された。
（3）最上俊樹『国連とアメリカ』岩波新書，2005年，p.87。
（4）ここに記載されているところの多くは，国際連合広報センター（編）『国際連合の基礎知識』（財団法人世界の動き社刊，1991年）を参考にしている。

第4章
PKOの歴史と課題点の変遷

4−1 PKOの誕生

4−1−1 国連の集団安全保障体制の限界

　国連の安全保障理事会は，国連における国際安全保障を維持するための主要機関として設立された。新しい国際連合における安全保障体制は，その国連憲章に記されているように，その前身の国際連盟より精錬されているといえる。たとえば，安全保障理事会に与えられた権限に関していえば，国連憲章6章（紛争の平和的解決），7章（平和に対する脅威，平和の破壊および侵略行為に関する行動），8章（地域的取極），および12章（国際信託統治制度）に規定されている国連の任務において，安全保障理事会は主要な権力を有している。

　安全保障理事会は，とりわけ国連憲章7章を中心とした任務を遂行することを期待された。そして安全保障理事会が平和執行活動を有効に実施するにはいくつかの条件を前提とする。それらの条件とは，安全保障理事会と国連加盟国との間で取りつけられた合意による国連軍の派遣や，「平和に対する脅威，平和の破壊および侵略行為に関する行動」に対応すべく安全保障理事会の常任理事国内での友好的な協調体制等である。しかし現実問題としてそのような条件が満たされることはなかった。

　設立後の安全保障理事会の最初の任務は，軍事協定，とりわけ国連憲章で定められた軍事参謀委員会による安全保障理事会が設定する国連軍の規模の決定についてであった。これに関し，アメリカは一般的に破壊力のある相対的に大

規模な軍備を提案した。またアメリカは国連軍の構成，編成，指揮，配置等は柔軟性を含ませるべきであると主張した。一方ソ連は，国連軍に大規模な軍備を必要とせず，その構成は常任理事国が均等に軍隊を派遣すべきであると主張した。またソ連は国連軍が派遣される明確な規準を定義すべきであると主張した。このような安全保障理事会の討議から，アメリカとソ連の間での信頼性の欠如による国連軍のあり方に関する意見の不一致は明らかになった[1]。

　アメリカ・ソ連の関係が悪化するにつれて，安全保障理事会内の国連軍に関する共同行動計画を討議することは無意味なものになっていった。東西冷戦が広がっていくにつれて，安全保障理事会はその任務を果たすための効果的な政策や行動をとることがほとんど不可能になっていった。国連憲章は，その設立時には想像できなかった欠陥を見出すことになった。たとえば国連憲章には，安全保障理事会の常任理事国同士が紛争に直接関与する事態に対して何の規定が設けられていなかった。前国連事務次長のブライアン・アークハート（Brian Urquhart）も「国連憲章は，設立以前における悲惨な戦争や紛争をもとにして作られており，第2次大戦後の国家間の力関係を正確に予測できていないのは驚くに値しない」[2]と述べている。

　第2次大戦後において大国間の軍事バランスも保たれることが困難になってきた。アメリカの兵力は，1945年においてはおよそ1,200万であったが，1946年には150万にまで減少している。イギリスも同様に1945年次には150万から，1949年には75万にまで減少した。このような減少傾向に対して，ソ連の同時期（1940年代後半）の兵力は，正確な数値は公表されなかったものの300-400万は下らなかったと予測されている[3]。

　超大国がお互いに争いを演じている際には安全保障理事会は有益でないという事実は，拒否権の発動によっても反映された。アメリカに有益になる安全保障理事会の決議はソ連によって拒否権が発動され，ソ連に有利な決議に対してはアメリカの拒否権が投じられた。国連設立初期における国連決議の投票行動を振りかえると，アメリカ主導の西側諸国の勢力が，ソ連やその衛星国家のそれよりも遥かに大きいことがわかる。国連総会においては当初の加盟国50

カ国のうち，アメリカ自身を含めなくとも少なくとも36カ国の賛成票を西側諸国は見込めることができ，よって全体の3分の2の支持を保障することができた。ソ連側からの見方によれば，当時の国連は「アメリカ国務省の支流のひとつ」であり，「アメリカの投票製造機」であり，ソ連やその衛星国家を孤立させ，それらを希望薄のマイノリティーへと追いやった[4]。その結果，1955年の終わりにおいて，国連安全保障理事会における拒否権は年間を通して79回発動されたが，そのうち77回はソ連によって投じられたものである。1948年11月の国連委員会においてビシンスキー（Vishinski）は，「拒否権が世界におけるパワーのバランスを保っている」と述べた[5]。

　要約すれば，国連内の安全保障理事会常任理事国のような大国は，長期的な視野をもち相互間の和解や協力体制を促進することよりも，東西冷戦にかかわる短期的な紛争問題に対応することに多大な関心を示すようになったということである。しかしそのような紛争問題に関しても拒否権の発動によって国連や大国が関与することは困難であった。たとえば1946年12月ギリシャ北部において，東欧の共産主義国家がギリシャの共産ゲリラに軍事物資の援助を行いギリシャ全体の安全保障が脅かされた。その際にギリシャ政府は国連安全保障理事会に対して国連憲章7章に基づいてそのような援助活動を停止させるよう要求したが，その決議はソ連の拒否権によって否決された。また同時期においてインドネシアにおけるオランダとインドネシア軍との交戦状態の際に，ソ連が警察業務の目的で軍隊の派遣を示唆したが，アメリカとイギリスが安全保障理事会において強く反対をした。同様に1948年，アラブおよびユダヤ人の敵対行為からなるパレスチナ問題において，安全保障理事会が迅速な対応を要求されたが，西側諸国とソ連相互の不信感からその効果的かつ迅速な介入が阻まれたのである[6]。

　1950年に勃発した朝鮮戦争において，国連軍の設立がソ連のその決議の採決をボイコットしたために実現された。しかしその国連軍の現地における戦略や戦術に関するほぼすべての決断は，アメリカの大統領官邸（ホワイトハウス）あるいは国防省（ペンタゴン）でなされた。このような状況において国連事務

総長であったノルウェーのトリグブ・リー（Trygve Lie）が果たした役割はほとんど何もなく，ソ連は彼を公平な事務総長ではないと批判をした。リーは結果的に辞任に追い込まれた。またこの朝鮮戦争において多くのアジアの小国は，中国に対する国連軍の集団的制裁に多大な抵抗を示した。これらの国々はその後，東西冷戦下においては非同盟諸国として中立な立場をとった。朝鮮戦争は我々国際社会に新たな教訓を与えた。すなわち国連憲章7章における強制活動において介入者は，中立性を失った，新たな別の武装集団になり，それは敵対行為を増大させるに過ぎない，ということである。ラリー・ファビアン（Larry Fabian）も，このような状況において，現実的に期待のできる国際的集団安全保障体制を構築するのは困難であると論じている[7]。

　安全保障理事会による集団安全保障体制の機能を麻痺させた決定的な出来事は，1956年のスエズ危機であった。これは安全保障理事会の常任理事国であるイギリスとフランスがイスラエルと共謀して，スエズ運河の国有化宣言をしたナセル大統領率いるエジプトに武力介入した事件である。この緊急事態に対してアジア・アフリカ諸国は無力であり，アメリカはその盟友たるイギリス，フランスの「不祥事」に当然ながら及び腰であり，またソ連も単独行動に出るほどの国力はなかったのである[8]。何よりも世界の警察官たるこの2超大国のアフリカ1小国への武力介入は，それまでの国連安全保障理事会主導の国際安全保障体制の限界を意味するものであった。

　このスエズ危機のケースのみならず，たとえば中国のビルマへの介入，フランスのインドシナへの介入，アメリカのベトナムへの介入，ソ連の東欧諸国やアフガニスタンへの介入を鑑みると，安全保障理事会の常任理事国は，常に正統的な世界の警察官であるとは限らないことがわかる。さらにそのような常任理事国が小国家の安全保障を脅かすようなことがあっても，ほかの常任理事国のメンバーが中立性や一貫性をもって介入するとは考えにくい。

　総括すれば安全保障理事会の集団安全保障体制に限界が生じていたのは明らかであった。今や集団安全保障に代わる新しい紛争解決手段の構築が急務となった。その新しいシステムとは，完全な中立性や公平性を保ち，かつ大国の軍

事力を主導とするのではなく、小国や中流国家が介入できるものあることが理想とされた。

4－1－2　ピアソン、ハマショールド、そして1956年の最初の平和維持軍

　最初の国連平和維持軍である、第1次国連緊急隊（UNEF I：1956-67）の設立過程においては、中流国家からの2人の政治家による偉大な野心と偉業によるものが大きい。その2人の政治家とは、カナダの外相レスター・ピアソン（Lester Pearson）とスウェーデン出身の国連事務総長のダグ・ハマショールド（Dag Hammarskjold）であった。

　1956年7月エジプトのガメル・ナセル（Gamel Nasser）大統領は、アメリカのナイル川におけるアスワンダム建設計画に対する財政援助の打ち切りの報復手段として、スエズ運河株式会社の国有化を宣言した。ハマショールドのスエズ問題仲介の努力にもかかわらず、イギリスとフランスは、イスラエルと共謀しエジプトへの武力介入を企て、1956年10月中旬にまずイスラエルがエジプトに武力攻撃を仕掛けた。そして1956年10月31日、イギリスとフランスの両国自らもエジプトに対して空爆を行いはじめた。

　この紛争を処理するために安全保障理事会が招集されたものの、その常任理事国が直接の当事者であったために、同理事会はその機能を麻痺させる状況になった。このスエズ危機は、ソ連がエジプト側を援護すべく介入を示唆するようになり、軍事大国を巻き込んだ大規模戦争に拡大する恐れが生じてきた[9]。そしてこのような状況下、安全保障理事会の代わりに、国連総会決議997（ES-I）が提示され、早急な休戦、すべての軍隊の休戦ラインまでの撤退、そしてスエズ運河の再開が要求された。そしてこの決議は採択された。しかしカナダはこの決議の内容が十分であると考えず、この決議を棄権した。ピアソンは、この決議にひとつの重要な条件が欠落していると考えた。それは国連決議のなかに国連による平和的な解決手段が折りこめられていないことであった。それなしに休戦といえども、それは一時的なものに過ぎないとピアソンは考え

た。エジプトとイスラエルに各国の軍隊を配置したままにしておけば，それは再び流血の大惨事になりかねなかった。そこでピアソンはハマショールド事務総長にイスラエル・エジプト国境沿いの安全を確保することができる規模の国連平和維持隊を設立する権限を与え，その平和維持隊の展開中にイスラエル・エジプト間で政治による平和的解決がなされることが望まれた。カナダ政府は，そのような本当の意味での国際平和警察隊には積極的に参加することが確信された[10]。

ピアソンとハマショールドはそのような考えを共有し，アメリカのジョン・フォスター・ダラス（John Foster Dulles）国務長官にこの平和維持隊の実現のために，採択されたばかりの国連総会決議997の実行を遅らせるよう促した。ダラスそしてアイゼンハウアー大統領もそれに同意した。アメリカは，ピアソンが描いていたこの構想が具体的な提案として出されることを望んでいた。そしてイギリスもピアソンの提案を歓迎した。イギリスもフランスも大国としてのプライドもあり，よって国連による平和維持隊でなければ，国連決議に従いスエズ運河から撤退することはなかった。つまり国連平和維持活動は，大国の地位を維持させる，いわゆる大国の「顔を立てる」役割をも果たしたのである。

ピアソンの計画は，自身のカナダ政府からも大いなる支持を受けた。カナダのセント・ローラン（St. Laurent）首相は，国連平和維持隊の設立を提案する国連決議を通して，カナダはこの問題のイニシアティブを採っていくことを奨励した。カナダの国防大臣もこの計画に対して大変熱狂的に支持を表明した[11]。

ピアソンが提出した総会決議998（ES-1）は，関係国政府の合意を得ながらもシナイ半島における関係国軍の敵対行為停止の監視を行う国連平和維持隊の設立の構想を48時間以内に国連事務総長が建てることを要求したものであった。この決議は，賛成57，反対0，棄権19で採択された。そしてハマショールド事務総長も彼のエネルギーのすべてをその後，第1次国連緊急隊（UNEF I）と呼ばれる国連PKO（の設立）に捧げたのであった。このハマショールドのUNEF I設立の過程において注目すべきことは，彼は国際社会においてまったく新しい類の危機管理システムを構築するうえでも，彼はすでに「合意」

「中立」「最小限度の武装」といったその後のPKO活動の基本原則について大きな価値を見出していたということである。たとえば、エジプトのナセル大統領との交渉はハマショールドにとって最も困難な任務であったが、その際にもUNEF Iの機能に武力的で強制的なものが付け加えられることは、平和維持活動を長期にわたって持続させることはできないことを強調していた[12]。ハマショールドはナセル大統領と、いわゆる「良好な信頼関係を構築する協定(the Good Faith Agreement)」を締結し、ナセル大統領にUNEF Iの行動にある一定の自由な裁量を認め、自らの行動範囲に制限を加える一方、UNEF Iに対しても必要あらばいつでも撤退を要求できる権限もナセルに与えられた[13]。

　ハマショールドの個人的なレベルにおいての指導者そして改革者としての器に関しては、その当時誰もが認めるところであった。たとえばピアソンも彼については、次のように述べている。「ダグ・ハマショールドが国連事務総長であったことに神に感謝する。彼はほとんど信じられないようなプレッシャーのなかで実に素晴らしい任務を果たしてくれた。」[14] 実際に、歴史的な見地からすると、リー事務総長の後を引き継いだハマショールドは、国連事務総長という職務の国際的な地位を相対的に上げた人物であるといえる。アメリカのアイゼンハウアー大統領も、1956年11月14日に行われた記者会見の際に、国際社会における国連事務総長という新しい職務に対して言及し、「今我々がしてはならないことは、ハマショールド事務総長の指導力の下に今行われている繊細な国際交渉を妨害しないようにすることである。」と述べている[15]。

　そして遂に1956年11月5日の総会決議1000（ES-I）では、UNEF Iの軍事司令官が任命され、同決議1001（ES-I）では、UNEF Iの最終報告のなかでUNEF Iの編成や諸機能は承認されUNEF Iの発足が正式に決定された。この総会決議に対して、UNEF Iに部隊の提供を申し出た国々は24カ国に上ったが、受諾されたのは、ブラジル、カナダ、コロンビア、デンマーク、フィンランド、インドネシア、ノルウェー、スウェーデン、ユーゴスラビアの10カ国であった[16]。

このように国際社会のなかで最初の平和維持活動は，常任理事国が直接紛争に関与したために安全保障理事会の機能が麻痺し，2超大国も身動きが取れない状況のなかで，中流国家代表の2人の政治家の野心と努力によって設立されたといえよう。ここでいう中流国家であるカナダとスウェーデンは，アイルランドや北欧諸国と共に，その後国連平和維持活動への主要な人員派遣国として重要な役割を果たしている。

4－2　PKOとその理想主義的な特性

4－2－1　PKOの概念

　先述したハマショールドは，国連は病院でいえば患者に対する医者ではなくむしろ看護婦のようなものだ，とかつて述べたことがある[17]。看護婦は，初めての患者に対して初期検査にあたり，医者に指示された範囲で看護にあたる。また簡単な応急処置にも対処をする。しかし大掛かりな応急処置，治療および手術を自ら行うことはない。よって国連PKOもこのハマショールドの概念に適用されるべきといえよう。PKOは紛争解決の主役にはなれないのである。それは，紛争解決は軍事的に解決するのではなく政治的に解決されるべきだからである。すなわち国際紛争は，PKOではなく紛争地域の政治家が解決するべきものなのである。つまり政治家が病院の医者に相当するのである。PKO研究の世界的権威である英国キール大学のアラン・ジェイムス（Alan James）教授がいうようにPKOは補助的で2次的なものである[18]。PKO兵士は通常，武装集団や国家政府の間で休戦協定が結ばれた後に，両者の要請に基づいて，またいつ紛争が再発されるかわからないような情勢不安定な地域に派遣される。

　伝統的なPKOの基本原則を3つあげるとしたら，それは「合意」「中立」そして「最小限の武装」であろう。まず，PKOは当事国側の政府もしくは武装集団のすべてから派遣の合意を取りつけなければならない。この合意がなければ，PKO兵士の安全は保障できず，兵士を送る貢献国の政府側もその派遣を承認することは難しい。当事国側の前向きな姿勢によってPKOの適切な行

動が可能になる。また受け入れ側は，PKO兵士にその領域内での活動の自由を認めることなど，国連の活動に対して全面的な支援が期待される。

　また，伝統的PKOは，どの武装集団にも中立でなければならない。もしPKOがこの中立性をなくした場合には，このPKOは単なるアクセサリーに過ぎないか，あるいは新たな自ら別の武装集団に成り変わってしまうのである。そうなれば，当事者側とPKO兵士の双方に多大な犠牲者を出してしまうのはいうまでもない。

　さらにPKO兵士の武器携帯は，自己防衛のためのみの最小限の武装に限られている。すなわち通常はライフルのみであり，それに通常の軍用車を移動や輸送に使用し，通常の戦闘行為に使う大砲，戦車，戦闘機などは使わない。そのライフルでさえ，自分の身の安全を脅かす対象の者が出現してきたのみに使い，その際もまず，空に向かい数発の威嚇発砲をしてからでないとその対象物に向かってライフルを使うことも許されない。それゆえPKO兵士は，競技場の（選手ではなく）レフリーにたとえられることがしばしばある。レフリーは，選手と比べるとその数も圧倒的に少なく，その物理的な力を誇示することもない。しかしレフリーは中立な媒体として絶対的な権威をもっているのである。PKO兵士もその活動地域において同じような役割を果たしているのである。

　ハマショールドは，1956年のUNEF Iという新たな国連PKOを設立した後，国連総会においてさらなるPKOの基本原則を述べた。そのなかでハマショールドは，国連PKOは活動地において，受け入れ側との共同活動を禁じ[19]，「世界の監視人」として権威ある独立した地位を保つべきであるとしている。

　国連憲章作成時において国連PKOはまだ設立されていなかったために，PKOの法的根拠なるものは存在しない。しかし国連憲章に適用してみると，PKOはその特質上，第7章（平和に対する脅威，平和の破壊及び侵略行為に関する行動）に相いれられるものではなく，第6章（紛争の平和的解決）に近いものである。よってPKOは，国連憲章6章または「6章半」の活動であるといわれている。また国連憲章第1章，第2条の7項には，「この憲章のいかなる規定も，本質上いずれの国の国内管轄権内にある事項に干渉する権限を国際連合に

与えるものではない」という内政不干渉の法則を明記している。よってその国連の管轄化にある PKO も 1 国内における紛争ではなく，国家間の紛争に関してのみ関与すべきである。しかし民族や宗教間における市民戦争が多発している現状において，この内政不干渉の原則は再考の余地がある。

　ハマショールドはまた PKO の非政治的な特質も指摘している。すなわち UNEFI は，敵対する国家間（エジプト対イスラエル）での軍事バランスや国際社会における政治的バランスに影響されるべきではないとしている[20]。

　さらにハマショールドは，PKO は新たな紛争状況が生じた場合に，その都度その人員を派遣すべきであり，いわゆる「先手を打つ」ような PKO 派遣が望ましいとしていない。つまり PKO は特定の状況のみに派遣されるものであり，一般化されるものではないという考えがあった。よって PKO は，待機軍のようなものを常設するのではなく，状況に応じて即興的に設立される特質をもつべきであるとハマショールドには考えられた[21]。また彼は，PKO は活動地域においては活動範囲が拘束されるものではなく，活動の自由が与えられるべきであるとし，そのために必要な設備も適切に配備されるべきであると述べている[22]。

　このような PKO の基本的な概念は，1958 年 6 － 7 月における国連レバノン監視団（UNOGIL）の活動において最終的に確立されたといわれている。その当時イランにクーデターが勃発し，レバノンの安全状況も悪化した。アメリカはそのクーデターがソ連から援護を受けていると断定し，クーデターの影響がレバノンにも及ぼされることを恐れ，自らのアメリカ海軍を UNOGIL に組み入れることを要請した。しかしハマショールドと安全保障理事会は，アメリカ軍が混成した UNOGIL では，その独立や中立性が損なわれるとして，アメリカからの要請を断り，その代わりに UNOGIL の兵力の増強を決定した。

　この決断は，PKO の伝統的な原則や概念を確立するうえで重要であったとされている。もし国連が UNOGIL においてアメリカの介入を許してしまっていたら，このミッションはより政治的になり，より強制力の強い活動になり，その中立性は損なわれていたであろう。特筆すべきは，国連は，UNEF I に

おいてはイギリスおよびフランス軍，そして UNOGIL ではアメリカ軍という大国の軍事介入を阻止したということである。

　総括すれば，PKO の本質は，非強制的であり，補助的であり，中立的であり，非政治的であり，そして即興的である。それは，PKO 兵士と受入国との間で相互の信頼や良好な協調関係によってその効果や効率性が向上されるのである。

4－2－2　PKO の目的，活動内容，そしてその効果

　1978 年，アメリカのインターナショナル・ピース・アカデミー（International Peace Academy）は，PKO を次にように定義している：「国際的に組織された平和的な第3者の介入による国家間，もしくは国家内における敵対行為の予防，封じ込め，緩和，及び停止を目的とし，その際には平和の回復もしくは維持のために多国籍からなる兵士，警察官，および文民を使用する」[23] つまり PKO の目的は，基本的には2つの国家や武装集団が停戦合意に達したものの，いつ交戦状態に戻るかわからない政情不安定な状況が続いているところに，いわゆる緩衝地帯（buffer）を築くことによって，その敵対意識をエスカレートさせたり停戦協定を破るような行為を防ぎ，2度とその地域に戦争を起こさせないようにすることである。PKO の平和維持隊は，自らの軍事力を使用しながらも，受け入れ側との信頼関係を構築することによってその目的を達成する。それゆえ伝統的 PKO の活動内容はおおまかに次の3点である。

- 派遣地域のパトロール
- 休戦協定違反の防止
- 紛争が再発した場合は調停者としての解決の努力

　主要な任務は，まず派遣地域のパトロールをすることによって地域の安全を維持していくことである。通常パトロールをする地域は，広大であり，またジャングルのなかのようなところをすることもあり，同じ地域を行うことも少な

派遣地域のパトロールの様子，2000年東ティモールにて／筆者撮影

い。また PKO 兵士は，パトロール中住民と積極的に話し合い，安全確保のためにさまざまな情報を収集することもある。また戦略的重要な場所，あるいは敵対する側の地域につながる主要幹線に，チェックポイントという，いわば関所のような場所を設けて，通行者1人ひとりや通行者の所有物を検査して，さまざまな尋問をしていく。そうすることによって武器の密輸等を防ぐことができる。またオブザベーションポストという場所を設けて，1日に数回にわたりその場所で，武装集団の交戦につながる不審な行動がないかを双眼鏡等を使用し監視をする。

　これらの活動は，強制的ではなく，攻撃的もなく，積極的でさえもない。それらの活動は，どちらかでいると受身であり，慎重であり，抑制的である。PKO の活動は，大きく「軍事監視団」と「平和維持隊」に分かれる。「軍事監視団」は，通常100名以内の将校で構成され，停戦監視，境界線の設定，違法侵入の監視，休戦協定遵守の監視などが主要任務である。一方「平和維持隊」

は，通常数百名の兵士を1単位とする歩兵部隊の数単位から構成され，「軍事監視団」よりは政情不安定な地域において，より活動的な任務を行い，オブザベーションポストやチェックポイントの配置，およびパトロール業務が主任務となる。

　PKOは，「平和を造る」のではなく，文字通り「平和を維持する」ことを目的としているためにその効果を具体的な数値をもってみることはできない。しかし目にみえる効果はなくとも，危険性の軽減，安定化，その地域の紛争問題への間接的な援助をPKO活動の効果のなかに認めることができよう。また国連という，国際的な公の機関がPKOを通して介入するので，武装集団も当時国家も「顔をつぶすことなく」撤退して休戦交渉のテーブルにつくこともできるという効果もあることに注目すべきである。事実，前述した1956年のスエズ危機において，イギリスとフランスが名誉ある撤退をすることができたことも，この効果の賜物である。「国連がいっているので仕方がなく撤退するのだ」という理屈である。また，ポール・ダール（Paul Diehl）教授は，PKOのもつ道徳的，人道的効果を指摘している。すなわち，PKOという国際的に認められた権威ある「関所」を力ずくで通り越して，PKO兵士に危害を与えてまでして相手方と交戦状態に戻すのは，相当な国際的な批判を覚悟しなくてはいけないということである[24]。

4－2－3　筆者のPKO視察およびパトロールの体験から

　筆者は，2003年9月に東ティモールの国連PKOである国連東ティモールミッション（UNMISET）を現地調査した際に，実際にアイルランド隊の活動を視察し，パトロールに参加した経験をもつ。ここではそこでの体験を述べることとする。

　東ティモールの治安状況が改善するにつれて，UNMISETの平和維持隊（PKF）は地域の住民への関係強化が重要視された。PKFと地域住民の交流は，前者による「ブルーパトロール」によって促進された。元来UNMISET PKFによるパトロールは「グリーンパトロール」と「ブルーパトロール」の2種類

ブルーパトロール中，訪れた村の大勢の子供たちに自国から持参した洋服をプレゼントするアイルランド隊の兵士たち／筆者撮影

があった。「グリーンパトロール」は，軍人としてのより高い技能を要求し，兵士は民兵が住んでいるといわれている治安上危険な地域や，ジャングルのような開拓されていない不安定な場所をパトロールした。「グリーンパトロール」は通常一週間のパトロール期間を要し，地域の不安定要素の削減と民兵との対立防止を目的とした。

　一方「ブルーパトロール」は「グリーンパトロール」とその性格において大きく異なっていた。「ブルーパトロール」においてPKF兵士は，村の中心地をも含む居住地域をパトロールした。東ティモールの村落は，1999年9月の反独立派民兵の反乱によって大きな被害を被った。それゆえ多くの村民には，未だに大きなトラウマを抱えていたものが多数存在した。村落のなかには，民兵が西ティモールの難民キャンプから帰還し，そのコミュニティーに再融合している地域もあった。それゆえ，UNMISET PKFが「ブルーパトロール」を通じて，地域の治安を守り，地域の人々とのコミュニケーションの向上を図る必要性があった。「ブルーパトロール」におけるPKFの存在は，民兵ではな

く，地域住民の信頼醸成の向上に必要であった。一般に「ブルーパトロール」は，「グリーンパトロール」よりもパトロール期間が短く，3－4日間で終了し，1村落のパトロールに1日を費やした。このパトロールにおいて，まずPKFはこれからパトロールをしようとする村落のリーダーに会い，そのパトロールの合意を得る必要があった。通常，PKF兵士は村落のリーダーのみならず，その村落全体から熱狂的な歓迎を受けた。PKFはそこでパトロールだけではなく，反独立派民兵に関する情報等の情報収集活動にも携わった。このような活動から「ブルーパトロール」の任務は国連軍事監視団（UNMO）のそれと類似していた。しかし，その両者の違いは，前者は状況に応じて軍事活動を行うことができるのに対して，後者は，あくまでも軍事活動に徹しなければならないことであった。「ブルーパトロール」において，PKFは軍民関係局のスタッフと共に，医療や人口統計に関する調査も行った。パトロール期間中，下痢などの疾病を患っている村民に対して簡易な医療活動を行うこともあった。彼らは，通常教会や学校のような公共の建物に宿泊をした。

このように，UNMISETにおける「ブルーパトロール」は，東ティモールの人々の信頼醸成効果を高める働きを行ったといえる。またこのUNMISETにおける「ブルーパトロール」は，伝統的平和維持活動の原則である「合意」「中立」「最小限の武装」等に依然大きな価値を見出していたといえよう。UNMISET自身は，厳密には国連憲章第7章に基づく平和執行部隊として分類されているが，オペレーションそのものは伝統的な国連平和維持活動の基本原則を遵守していた。特に地域住民に関与した場合はその傾向は顕著であったといえる。

この「ブルーパトロール」は，それまで民兵による脅迫や攻撃によって情緒不安定になりがちであった東ティモールの人々に大きく貢献した。このコミュニケーション技能は，通常の軍事活動とは大きく異なる。よって国連は，将来のPKOのコミュニケーション技能のさらなる訓練の必要性を考慮すべきであると考える。この訓練の内容は，基本的な心理学の基礎，地域の伝統・文化や言語の習得であろう。同様に，国連PKO本部は，ブルーパトロールチームに

職業カウンセラーや精神病医の定期的派遣を実施すべきである。紛争後の平和ミッションにおいて、そのような任務は不可欠であると考える。

4－3　冷戦期のPKOに関するさまざまな課題点

4－3－1　冷戦期のPKO問題その1——PKOは万能薬か？

　PKO創設期において最も広く行き渡ったPKOに関する誤解として、PKOは「万能薬」であるという理論である。その当時、国連加盟国はPKOを国連システムの恒久的な「顔」として、大きな期待をもち迎えた。たとえば、1957年UNEF Iが早期の成功を修めていたころ、PKOの生みの親であるカナダの外相のレスター・ピアソン（Lester Pearson）は次のように主張している。

　　　私が強く確信するところに、私が発案した国連恒久軍（PKO）は、…とても実用的であり、国連総会の管轄権で行われ、そして交戦状態を避け、終焉させ、または限定させうることにとても貴重な役割を果たしていくであろう[25]。

　しかしながら、PKOに対する、そのような楽観的な見解は、UNEF Iに続いて行われた、コンゴ（ONUC）やレバノン（UNIFIL）のPKOによって落胆させられることになり、PKOの価値観についても大幅な見直しを迫られたのである。1964年、この件に関連してホルムズ（Holmes）は、PKOのいくつかのケースについて次のように批判している。

　　　インドネシアで平和解決がみられたが、これはたとえば西イリアンではPKOというよりはface-saving「顔を立てる」のような意味合いが強い。カシミール地方やパレスチナではPKOが設立されてから15年が経つが、和平への解決がみられない。国連インド・パキスタン軍事監視団（UNMOGIP）や国連休戦監視機構（UNTSO）は、永久に存続しなければな

らないであろう。UNEF Ⅰは，一時的な和平への枠組みを提供したが，その和平が長く続きそうにはない。レバノン国連監視団（UNOGIL）は，レバノンでの政治権力の移行に貢献したが，それはアメリカ海軍の介入によって成し遂げられたという見方もある[26]。

彼が意味するところは，PKOによって戦闘状態を封じ込めることがあっても，和平を促進することはほとんどないということである。平和促進において「ブルーヘルメット」の存在だけは不十分である。前にも述べたが，真の和平は政治的解決によってのみなされるのであり，政治的解決は，PKOの存在ではなく外交努力によって作られる。国連PKOが，国家が行うべき努力を代用することはできないのはいうまでもない。1974年ハーボトル（Harbottle）は，PKOを行ううえで考慮しなければならない条件や限界というものが軽視されがちであり，そういう点においてPKOは誤解されていると指摘している[27]。彼は，政治的なイニシアティブの欠如のためにPKOが決定力の乏しい媒介者になってしまい，PKOそのものが物理的な成功を収めたとしても，平和解決にはかえって副作用の効果さえも出し得ると主張している。

つまり，1970年代の半ばになり，国際社会はPKOがあらゆる種類の地域，あるいは国際紛争に対処し得ることは困難であるということを悟ったといえる。同様に1973年，ステゲンガ（Stegenga）は，もしある国家や武装集団が和平を強引に強要する際に，外部が介入する際のリスクを覚悟できないのであれば，国連の関与はまったく不可能である，と言及した[28]。実際に1956年のソビエトのハンガリーへの介入や，1961年のインドのポルトガル領ゴアへの介入の際には，国連PKOの派遣を提案したものは誰もいなかったのである。

一方，冷戦時代においても，PKO派遣はその紛争のレベルによって決定されていたわけではなかったということには注目をすべきであろう。1974年，ラフィーバー（Lefever）は，コンゴにおける国連PKOのケースを例にこの点を論じている。

実際に，PKOが派遣されたコンゴにおける危機は，PKOが派遣されなかったケニヤにおけるマウマウ族の反乱（1955年），アルジェリア戦争（1954-1962年），ナイジェリアにおける種族間の大量殺戮（1966年）のような同時代に起こった多くの第三世界の紛争ほど，暴力的ではなかったのである。コンゴへの国連（PKO）の介入は，暴力のレベルによってではなく，元宗主国であったベルギーが再びその植民地権力を戻す試みがみられたということと，アメリカ，ソビエト両政府が，国連のミッションがコンゴにおける部族間の敵対意識を弱めるのに一番受けいれられやすい組織であると想定したからである[29]。

　このように，米ソを代表する政治大国の国益を巻き込む国連PKOの選択的態度は，広く学術界でも認識されることとなった[30]。実際に政治大国にとってPKOは，彼らがとる単独介入よりも紛争解決においては，いくつかのメリットがある。単独介入は，PKOよりも財政上のコストがかかるうえに，その紛争がエスカレートした際のリスクも大きい[31]。また，大国の介入は，たとえ実際に好ましい国際秩序を築こうとする純粋な目的があろうとも，帝国主義的なイメージがつきまとってしまう。さらに重要なこととして，大国の単独介入は，自国において世論の支持を受けることはとても困難である[32]。

　PKOの介入が制限される別の状況として，受入国がPKOの仲裁がもはや国益に反映しないと判断し，それゆえPKOに撤退を要請した場合があげられる。実際に，1967年エジプトは，PKO（UNEF I）による不安定な平和を持続させることより，PKOの終結とそしてイスラエルとの果断な戦争行為を選択した。PKOの信頼性，およびその権威を巡って，当時最も烈しく論争が行われたのは，この1967年のエジプトのナセル大統領の要請によるUNEF Iのシナイ半島からの撤退である。当時の国連事務総長であるウ・タント（U Thant）は，この件を国連の総会や安全保障理事会にかけることなく，一方的にその要請を認めUNEF Iを撤退させてしまい，このことにより国際社会から批判を受けた。そしてこの批判は，1967年6月5日イスラエル，エジプト間の戦争

の勃発（第3次中東戦争）によりさらに烈しいものになった。

　しかし，もし国連事務総長がこの問題を国連総会で取り上げたとしてもこの議案は可決のために必要な3分の2の多数を取ることはできなかったであろう。ウ・タントも「このように国際規模で議論を巻き起こしている議題で，必要な支持を得ることは疑問である。」[33]と述べている。同様に，安全保障理事会においても，その性格上必要であれば武力をもってしてもUNEFIの存続を支持したであろう。そうなればPKOは，国連憲章第7章による制裁行為に走ってしまい，PKOは受入国の合意のみによって設立され得るという原則が蔑ろにされてしまっていたであろう。このような平和執行がその当時行われていたなら，その後のPKO活動の成功例は，危機に陥ってしまっていたかもしれない。この見地においてウ・タントの決断は確かな根拠に基づいていたといえる。

4－3－2　冷戦期のPKO問題その2——PKOの機能性に問題はあるのか？

　まず，オペレーションを行う現場でのPKOの効果においての疑問が，この冷戦期に指摘された。この点に関して1969年，フォルシス（Forsyth）は次のように述べている。

> 　いくつかの本質的な問題が，不注意にもPKOを通して望まれない様な形式で解決されている。紛争における関係当事者間の政治レベルでの関係が，PKOによって凍結してしまい，その結果，当事者間の紛争の終結そして和解の願望が減じられるのである[34]。

　しかしながら，現実にはイスラエルやエジプトなどのPKOを要請する国家や武装集団は，国家間の直接対話の要請を頑なに拒否することが多い。実際に，1973年の第4次中東戦争の際にエジプトは，国連の調停がなければ，イスラエルと交渉を拒否すると申し出ていた[35]。同様な状況が，キプロス島，ゴラン高原，南レバノン，そしてインドのカシミール地方で行われていた。さらに，

PKO の介入中においても不安定な情勢は続くことがあり得る。たとえば，冷戦時代に最も成功した PKO の一例とされている第 2 次国連緊急隊（UNEF II）においても，1976 年から 1980 年の 4 年間に 90 件もの暴力的事件が，イスラエル，エジプト，および UNEF II に対して起きている。そのような見地からも，PKO の半永久的な駐留は，場合によっては避けられないかもしれない。反対に，長期の PKO がいつも政治的な行き詰まりになるとは限らない。アラン・ジェイムス（Alan James）は，UNFICYP のケースにおいて PKO の与える安定化への価値を強調している[36]。

ロスウェル（Rothwell）は，政治的コンセンサスを得ることが通常遅くなってしまうために，国連 PKO をタイミングよく派遣することは不可能であると指摘している[37]。一方，ラフィーバー（Lefever）は，国連 PKO が効果的に活動するには，早期の段階か，和平が達成された後のどちらかであると論じている[38]。上記の 2 人の理論を融合することは明らかに不可能である。しかし，PKO は，「高次元の柔軟性」を要求し，その環境はオペレーションによって全く異なってくる。いい換えれば，PKO とは特定の緊急事態に見合うための実用的なアプローチと即興性の価値を重んじる。冷戦時代の PKO 評価は，PKO を広範囲で総体的な見方をするよりはむしろ，特定の PKO にのみに対応し，主観的にその機能性を鋭く批判するのが一般的な傾向であった。

4－3－3　冷戦期の PKO 問題その 3 ── PKO の国際的コンセンサスの欠如：西側諸国の活動としての PKO

PKO は，冷戦時代ではその目的や運営方法において国際的なコンセンサスを得ることができなかった，ということが一般的に認識されている。アメリカとソ連における PKO 政策に対しての基本姿勢には大きなギャップがあったといわれている。アメリカは，PKO をできるだけ活性化し，世界の紛争解決に積極的に役立てようとしていた。アメリカは，自らの単独介入は，中立国家にとっては受け入れられないこと，そしてそのことがソ連との直接対立となる危険があるということで，有益ではないと考えた。そのような理由で，アメリカ

は 1960 年のコンゴ動乱の際には，アメリカよりは国連の介入を要請するようにコンゴ政府にアドバイスをしたのである。アメリカは同様な理由でエジプト，イスラエル，そしてインド，パキスタンにおける国連 PKO の介入を歓迎した。

　一方，ソ連の典型的な政策は，国連（PKO）は存続させるが弱体化を維持させるというものであった。ソ連が時折みせた国連による行動の提唱の目的は，自らの行動の自由を守ること，国連の影響力を共産勢力から排除すること，そして国連の権力を最小限に食い止めるということであった[39]。1959 年，ソ連の政治指導者であるニキタ・フルシュチョフ（Nikita Khrushchev）は，フォーリン・アフェアーズ誌（Foreign Affairs）で次のように述べている。

　　　我々の時代にはたった 2 つの選択枠しかないのである。それは平和的共存と歴史上最も破壊的な戦争である。（国連 PKO のような）3 つ目の選択はないのである[40]。

　フルシュチョフが意味したところは，国連憲章第 7 章のもとに要請される執行部隊に反するかのような，コンセントタイプの PKO 活動はソ連においては違憲であるということだ。そもそも安全保障理事会は，オペレーション設立の権限を与えられ，その指令のための条項を作り，活動が行われてからも広範囲な政治的な指揮を発揮する。しかし当時の PKO では，安全保障理事会の常任理事国にそこまでの権限を委託しなかった。それゆえソ連は PKO よりも国連憲章第 7 章の 42 条によって適用されうる執行部隊のような国連軍を望むようになった。しかしこの構想はアメリカからは受け入れられなかったのである。

　同様に，PKO の運営方式においても米ソではコンセンサスが得られなかった。アメリカにとって PKO の運営は国連の安全保障理事会と国連総会がその責任をバランスよく分割をすることを理想としていた。アメリカは，効果的な PKO の運営のために，国連事務総長に多大な行政の権限を与えることを主張した。一方ソ連は，安全保障理事会の権限の拡大を提案したのである。すなわち，PKO の規模やその構成，さらに最高司令官の任命に至るまでの権限を安

全保障理事会に与えることを主張したのである[41]。

しかし冷戦時代において，実際にPKOはその参加においては本質的に西側諸国の活動であった。ソ連が第1次国連緊急隊（UNEF I）やコンゴ国連軍（ONUC）にある種の敵意を抱いた理由として，それらのPKOの派遣国のなかに社会主義の国家が1国も名を連ねていなかったことにある[42]。ONUCにおいて当時の国連事務総長のハマショールドは，「コンゴクラブ」と呼ばれる彼の特別顧問として3人のアメリカ人の高官を採用し，共産主義国家からの採用は排除された。一方，1965年に設立されたインド，パキスタン間のPKOである国連インド・パキスタン監視団（UNIPOM）において，ウ・タント国連事務総長はその派遣国の候補としてチェコスロバキア，ルーマニア，ハンガリー，そしてポーランドに要請したが，これらすべての東ヨーロッパ諸国はその要請を拒否したのである。

国際政治の舞台での2超大国におけるPKO政策における不一致は，1964-1965年の国連の財政問題においてその頂点に達した。UNEF IおよびONUCの財政を管理するにあたっては，国連憲章の第17条の2項で述べられているように国連総会で決められた分担率で各国連加盟国から支払われることになっていた。しかしソ連，その衛星国，およびフランスはその支払いを拒否したのである。ソ連は，国連憲章の第17条の原則には反対しないものの，この2つのPKOの財源に関してはそのオペレーションを積極的に支持する国家から賄われるべきであると主張した。ソ連は，そもそもこの2つのPKOの財政負担は，国連憲章第43条に基づいた特別な合意で決定しなければならないと主張し，そのような合意がなされないのであれば，ソ連のような国連加盟国は，そのオペレーションコストを負担する義務はないと主張した[43]。

ソ連のこのような「財政上の拒否権」に対して，アメリカは1964年の国連総会にて，いかなるPKOの財政運営に関しても国連憲章第17条で述べられているような加盟国の支払い義務を適用させるべきであると主張し，その義務が果たせないような加盟国は，国連憲章第19条に適用して，その加盟国の2年間の国連総会での投票権を剥奪させるべきと主張した。それに対しソ連は，

国連憲章第 17 条に記載されているところは，国連における通常の経費であり PKO のような特別経費は適用しないと反論した。ソ連は PKO に関する財政問題の論争は法的なことよりもむしろ政治的な部分の影響が強いと感じ取っていたのである。

結局アメリカは，ソビエトを説得することはできなかった。支払いの拒否をすることができたソ連側の最大の強みは，国連憲章通りにソ連の国連総会での発言権を失った場合のソ連の国連脱退の可能性の示唆であった。これによりソ連およびその衛星国家の国連 PKO 分担金延滞という汚点は，ソ連を国連内にとどめておくための必要なコストとして捉えるようになった。

4－4　ポスト冷戦期の PKO に関するさまざまな課題点

4－4－1　ポスト冷戦期の PKO の特徴

1980 年代の後半から 1990 年代の前半にかけて，国際政治の舞台はソビエト連邦の崩壊と，それにともなう国際システムにおける 2 極化の構造の崩壊をみた。その結果，旧ソ連圏に属していた中央および東欧諸国は，西側諸国の軍事および政治システムへの統合を試みた。それは国際システムにおける紛争解決手段の様相を大きく変えることとなった。その例として，PKO においてはその量的，精神的，質的に進化的な変貌を遂げていった。

まず，冷戦の終結は，それまで国連の機能を麻痺させ続けてきた安全保障理事会の常任理事国によって行使される拒否権の乱発を減少させた[44]。そのことが，大きな PKO の量的変化をもたらしたのである。世界各地の紛争に派遣された国連 PKO の延べ数は，1988 年の 1 月の時点では 11 であったが，2003 年 6 月においてはこの数は何と 70 に飛躍している[45]。このように，安全保障理事会の全会一致の決議は，アフガニスタン，ナミビア，アンゴラ，ニカラグア，などで行われた PKO で成功を収め，1998 年国連 PKO はノーベル平和賞を受賞した。

ポスト冷戦時代，PKO は精神的にも変貌していった。ポスト冷戦期におけ

る旧共産主義国家の民族紛争のうねりは，グルジア，アゼルバイジャン，モルドバ，チェチェンのような国家の事実上崩壊をもたらした。同様に冷戦の終結は，1960年代の帝国主義の崩壊や非植民地化が不完全・不成熟であったことを示し，ソマリア，スーダン，スリランカ，ルワンダなどでは，種族，宗教，そして民族間の紛争によりその国家の機能が破壊されてしまった。これらの多くの国家が安定した効果的な国家構造を維持することができなくなり，権力を求めた闘争は何の罪のない一般市民を標的にした残虐な殺戮行為までに発展していったところも多々みられた。PKOもこのような人道上において崩壊した国家の建設の対応を要求されたのである。

　さらに，ポスト冷戦期のPKOの大多数は，冷戦期にみられたような国家間の争いではなく，1国内の内紛地域に派遣されているため，PKOの質的な変化が求められた。すなわち，いわゆる「第2世代」および「第3世代」というPKOの到来がこの冷戦後においてみられた。「第2世代PKO」とは，それまでの停戦監視を中心とした伝統的PKO（これは「第1世代PKO」と呼ぶべきであろう）から脱却して，国家建設を援助していくべく包括的なオペレーションを行うPKOのことである。ここでいう包括的なオペレーションとは，選挙監視，人権擁護，軍隊育成，暫定政府への指導，などを指す。この種類のPKOは，1980年および1990年代に新たに設立されたPKOのほとんどにみられた[46]。「第3世代PKO」は平和執行部隊（Peace enforcement）と一般的には呼ばれている。そのミッションは，関係政府や武装勢力の合意を得ることなく行われ，中立性も欠き，「合意」，「中立」，「最小限の武装」を原則とする伝統的なPKOと比較して遥かに強制力や危険度の高いPKOといえる。法的見地からいえば，この平和執行部隊は国連憲章第7章に適用される。この平和執行部隊の構想は，1992年，当時の国連事務総長のブトロス・ガリ（Boutros-Ghali）が発表した「平和への課題（Agenda for Peace）」においても積極的に推進されたのである。

4－4－2　ポスト冷戦期のPKO問題その1──平和執行部隊の問題について

　現代のPKO批判の1つとして上記にあげた平和執行部隊があげられる。この平和執行部隊は，アフリカのソマリアおよびボスニアでの国連部隊（それぞれUNOSOM II，およびUNPROFORを指す）の経験の後に，極めて厳しく国際社会から批判された。たとえばオクスフォード大学のアダム・ロバーツ（Adam Roberts）教授は，平和執行部隊の投入に際しての4つのジレンマを指摘した。それは，1．軽武装のPKO兵士への避けることのできない安全上の危険，2．武装勢力のみならず一般市民をも犠牲にする危険，3．PKOのもつ中立性の放棄，4．国連における政策決定能力の低下，である[47]。国連本部高官であるシャシ・サドー（Shashi Thadoor）によれば，平和執行部隊の問題とは，「空中から爆弾を落としている一方で，地上ではその攻撃を受けている武装勢力に平和交渉をする」[48]といったギャンブル的な性質であるという。さらにエルスキン・チャイルダー（Erskine Childer）は，1990年代中期に行われた国連外による平和執行部隊，すなわちアメリカによるソマリアおよび南米のハイチへの介入やフランスのルワンダへの介入に注目し，「もし国連がそのような国連外による平和執行部隊を承認し続けるのであれば，それはさらなる国連の失敗（another UN fiasco）[49]につながるであろう。」[50]と警告している。

　しかしこれらの批判は，「ポスト冷戦時代を執行せざるを得ない」という現実主義者や国連での実務家が主張するような現実観によって相殺されうることができよう。1993年，当時国連事務次官であり，後に国連事務総長になったコフィ・アナン（Kofi Annan）は，「現在の国際連合（PKO）は，国境線の明確化，武装解除，無政府無秩序状態の鎮圧，戦闘地帯における人道援助の確保，といったように，以前よりも多くの任務を要求されている」と主張し，これは「国連憲章の第7章で謳われている平和の執行を国連が果たすべきという本来の要求が顕著に表れてきたに過ぎない」とつけ加えている[51]。3年後の1996年，彼は今までの持論をさらに強め，「関係政府及び勢力の合意を得るという古いPKOの原理は，正しいとか間違っているという問題ではない。それは単

に現在の紛争解決手段には関連性がない」とまで発言している(52)。アナンによれば，平和執行は一国内における紛争地域の無秩序化によって避けられない状況になっていることからもその正当性を増している。同じようにウィリー・カーティス（Willie Curtis）によれば，今までの伝統的な PKO には，武装集団の中に紛争を起こしながらも究極的には平和を望んでいる，ということが前提とされていたのであるが，現在の武装集団にとって，平和への希望は必ずしも高い優勢順位に入っていない(53)。ある統計結果にもこの傾向が顕著にみられる。イギリス人の PKO 学者のフェザーソン（Fetherson）が 1994 年に示した統計によると，戦争被害者における一般市民の占める割合は，18 世紀までは 50％ であったが，1970 年代には 73％，そして 1990 年代には 90％ 近くに昇るという(54)。つまり現代の紛争では軍人よりはむしろ一般市民が標的になっているということが理解される。このことからも平和執行の必要性が強調されるのである。さらに，ボスニアの平和執行部隊である国連保護隊（UNPROFOR）の前指揮官であったカナダ陸軍のルイス・マッケンジー（Lewis Mackenzie）少将が，自らの経験から次のようなことを明確に指摘しているのは興味深い。

　　ボスニアでの我々の行動は，名目上，人道援助であり PKO ではなかった。その経験からの答えはとても簡潔である。戦闘訓練を十分に行った部隊のみを UNPROFOR のような平和執行部隊に送れということである。彼らのみがこの任務を遂行できる。850 人のカナダ兵士がサラエボに到着して 30 日も満たないうちに 19 名の犠牲者が出たということは単なる運の問題ではない。…これは運の問題ではなく，平和執行のための訓練と十分な武装の欠如からくるものである(55)。

すなわち，問題なのは平和執行部隊そのものではなく，それに付随するほかの要因，たとえば訓練や武装の欠如，マンデートの妥当性，オペレーションの一貫性などが問題になってくるのである。平和執行部隊自体が問題ではないとする主張は，ルワンダの PKO 任務からでも明らかである。ルワンダでは 1995

年の3カ月以内に100万人に及ぶ虐殺を国連での伝統的なPKOで阻止することができなかった背景から，ルワンダのPKOは，平和執行部隊にすべきであったという意見が根強い。またオペレーションの一貫性は明らかな目的の欠如や世論にも影響されやすいものである。たとえば，ボスニアと同様にアンゴラのPKOにおいては，治安の悪化という緊急事態に際して，明確な目的がないまま「すぐに何か行動を起こさなければ」という焦燥感からオペレーションがはじまってしまい，その結果満足のいく任務が果たせなかった。一方ソマリアでの平和執行部隊は，アメリカの世論に多大な影響を受けたといわれている。

さらに平和執行部隊の任務が成功を収めるかどうかは，軍事よりはむしろ政治的な側面が強いということができる。先述のマッケンジーの主張に対しても，「それではカナダ政府は，政治的代表者として，どれほどサラエボの安全状況を理解していたのであろうか」という疑問が生まれてくる。昨今，平和維持活動や平和執行部隊が，その内容を深く理解されずに，政治的道具として利用される傾向にある。マラック・グールディング（Marrack Goulding）国連事務次長は，この傾向により，一般市民はなぜ国連PKOの兵士が，残虐な武装集団のなかにいとも簡単に送り込まれるのかが理解できなくなると主張する。そして政治家や政治立案者はPKOがこのように協調性のまったくなく，障害やハラスメントのみを与える武装集団において，いかに危険な状態にあるかということに対して過小評価になる[56]。国連DPKO局のリンデンマイヤー（Lindenmayer）もソマリアやルワンダでのケースを指摘し平和執行部隊の概念が政治的になっていると強く主張している。

> ソマリアでは，38,000人のアメリカ兵士から，国家建設のために人道援助の活動をタイムリーな状況ではじめることができた。そしてその地域はソマリア南部に限られていたのである。しかしこの任務が国連の平和執行部隊にとって代わってから，武装解除という任務もつけ加えられ，ソマリア全体の国土を28,000人の兵士で賄わなければならなくなった。ハイチのアメリカ主導の多国籍軍においては，アメリカ兵に対するハイチ兵の

割合は5対1であったのに対して、ルワンダでは我々270名ばかりの国連兵が50,000に近いルワンダの武装勢力と接しなければならなかったのである[57]。

　リンデンマイヤーの記述から、国連の平和執行部隊が、アメリカ主導の多国籍軍と比較しいかに地域情勢を把握せずに、むしろ政治的に動かされていたことが理解される。

　このように、平和執行部隊を単に放棄すべしという結論を出すには、あまりにも多くの問題が平和執行部隊を結成する以前において露呈された。問題なのは、平和執行が結成されるかどうかではなく、どのように平和執行が遂行されるかなのである。2000年8月に公表された国連PKOの改革提案書とみなされる、「ブラヒミレポート」においても平和執行部隊は、積極的な評価を受けている。そのレポートでは、新たな国連PKOは、多国籍からなる一貫した指揮系統をもち、強健なる平和維持軍(the robust peacekeeping forces)設立のために、国連加盟国と新たなパートナーシップを作り上げなければならないことを主張している[58]。ここでいうthe robust peacekeeping forcesとは、peace enforcementすなわち平和執行部隊に近い部隊を意味しているのではないかと思われる。

4-4-3　ポスト冷戦期のPKO問題その2──国連の信用性の欠如と地域機構との関係

　ソマリアそしてボスニアでの国連PKOでの挫折以降、国連のモットーはそれまでの"we should, and therefore we must."から"we can't, and therefore we ought not."にとって代わられた[59]。たとえば1993年11月、国連はブルンジにおける小規模の国連平和維持軍の要請でさえも拒否した[60]。このことは、国際社会における内戦の激化と国連の欠如した集団的能力の間のギャップを示すところとなった。次第に低下していった国連に対する信用性は、1995年、ガリ事務総長が発表した公文書「平和への課題の補填(Supplement to

An Agenda for Peace)」においても明らかになった。そこでガリ事務総長は，国連は平和執行部隊を形成するための派遣や指揮系統においての信用性が欠如していることを明確に認めた[61]。事務総長がとったこの政策は，1995年第3次国連アンゴラ監視団（UNAVEM III）において即座に反映された。すなわちそこでは，安全保障理事会は，アンゴラの武装集団が，自ら結んだ平和条約の下に平和に対する献身性や深い自覚を示すまではUNAVEM IIIのPKO兵士を派遣しないようにと，事務総長に指示を出した。シャシ・サドーはこの1件を「国連は反抗者たちに平和を課すリスクを負担するよりも，むしろアンゴラにおいて戦争の継続を許可することを選択した」と結論づけた[62]。しかし，危険なことは，むしろ国連が自ら必要以上に，そして過剰に自らを過小評価してしまうことではないであろうか。いい換えれば，これはイギリスのエコノミスト誌（The Economist）がいうように「国連安全保障理事会が，ルワンダで自ら行ったように，国連は実際に何もしようとすべきでないと結論づけてしまう」[63]危険性である。

　基本的にこのような類の国連に対する信用性の論議は，PKOのもつ重要な特性や，それにともなう国連加盟国における政策の変化について軽視をしがちである。まず認識しなければならない第1点目として，冷戦後のPKOが処理しなければならない国内紛争において，国家主権を関連付けた政治的解決の困難性があげられる。すなわち，ここで発生する問題とは，PKOや平和執行部隊によってなされる人道的介入と内戦における政治的解決の間には必要な接点はないということである[64]。簡単にいえば人道的援助をしたからといって政治的解決にはならないということである。このようなジレンマはソマリアやルワンダのPKOにおいて顕著にみられた。また，軍事的介入においてもそれは単に交戦状態を一時的に凍結するだけであり，長期的な国家建設のための根本的な解決を妨げてしまう可能性も出てくる。このように国連は元来とても困難な任務を請け負っているのであって，だからといって国連の信用性が欠如してしまうことにはならない。

　第2点目の認識すべきことは，国連の加盟国が，大国，小国にかかわらず，

国連PKOに兵を送ることにより慎重になってきている事実である。東西冷戦が終結した現在において，たとえば安全保障理事会の常任理事国のような政治大国が，自らの国益と何の関わりのない人道上の危機の発生した安全性の低い国（たとえばアフリカ諸国）に進んで自国の兵士を送るであろうか。このような国連加盟国の慎重な姿勢は1994年の夏にルワンダで顕著に表れた。すなわち，当時の国連事務総長から軍事要員の派遣の依頼の打診を受けた19の加盟国政府すべてが，ルワンダへのPKO兵士の派遣を見送ったのである。このことが1994-1995年にかけて行われたルワンダ大虐殺を防ぐことができなかった要因の1つであった。

この加盟国のPKO派遣に対する消極的な姿勢は，国連における迅速な要員派遣能力や，長年の懸案であった国連待機軍構想[65]に対して負の影響を与えることとなった。この件に関して，前国連事務次長であるブライアン・アークハート（Brian Urquhart）は，この国連のPKO要員派遣の遅延は，通常数カ月からそれ以上にのぼるという。そして彼は「通常，国連安全保障理事会によるPKO派遣の決断から，すぐに行動を起こし小規模ながらも訓練が行き届いた要員を送ることは，その数週間や数カ月遅れで大規模であまり準備をされていない要員を送るよりもはるかに効果的なオペレーションを行うことができるであろう」と述べている[66]。同様にカナダのジェフリー（M. K. Jeffery）陸軍大将によると，ナミビアでのPKO（国連ナミビア支援グループ：UNTAG）の派遣直後の頃，北部国境付近で大きな被害を被った事件が起き，ナミビア国家再建過程が危ぶまれたが，その主な理由はUNTAG要員の派遣が遅れ，その準備も怠ったためであったと回顧している[67]。このように，国連PKOが迅速に，かつ効果的に派遣されるために，国連とその加盟国との間でより緊密なパートナーシップの関係が結ばれることが期待される。

また，国連に対する信用性の欠如は，国連憲章の第8章で合法化されている地域機構との任務および責任の分担によって軽減されるであろう。地域機構は国際安全保障の形成のために，さまざまな形で国連を直接的にも間接的にも援助しているといえよう。たとえば，アブハジア（Abkhazia）での欧州安全保障

協力機構（OSCE）の外交サポート業務，ボスニアでの北大西洋条約機構（NATO）のオペレーションレベルでの援助，リベリアでの西アフリカ諸国経済共同体（ECOWAS）やグルジアでの独立国家共同体（CIS）の国連部隊との共同展開，ハイチでの米州機構（OAS）の国連との共同オペレーション業務などがあげられる[68]。その結果，このような地域機構のPKOは「第4世代PKO」と呼ばれ得る可能性を秘め，「補助業務（subsidiary）」が，「合意」「中立」「最小限の武装」に続き4番目のPKOの基本原則になり得るのである。しかし，このような第4世代のPKOでさえも国連安全保障理事会の承認は必要とされるべきであろう。これが平和執行部隊であればなおさらである。事実，ソマリア[69]，ルワンダ[70]，ハイチ[71]，ボスニア[72]，グルジア[73]，アルバニア[74]，中央アフリカ共和国[75]での地域機構によるPKOは安全保障理事会の承認を得てから結成されている。このように，平和執行部隊に関しては国連のような国際機構よりはむしろ地域機構が行うことが一般化しつつある。特に，NATOにおける，一般的な教義，オペレーション手続き，その他の領域の水準はこの40年において著しく向上し，国連PKOのそれに比べると優位に立っているのは疑いもない。レイダー（R. S. Rader）は，成功するNATO主導のPKOに必要なことは，強靱でかつ柔軟性のある指揮系統システム，適切に訓練された軍事力，武力行使のための明確な指令，と共に国連やOSCEなどのハイレベルの政治的機構の承認をあげている[76]。これは依然国連の政治的権限の高さを物語っているといえる。これは，国連が唯一の中立で普遍的な国際機構だからであり，それゆえ，地域機構によるPKOが中立にその任務が行われているかを監視することを要求されているのである。

　21世紀において，上で述べたような迅速展開能力や地域機構によるPKOの問題はヨーロッパにおいて1つの壮大なアイデアを生んだ。それは，ヨーロッパ連合（EU）におけるヨーロッパ迅速展開軍（ERRF）の構想である。ERRFは，1990年のEUにおけるヘルシンキ大会で出された構想のひとつであり，2000年11月にはその設立がEUの能力向上会議（the EU's Capabilities Commitment Conference）で，正式に決定された。この委員会によれば，ERRF

により，60日間以内で60,000人のEU兵士のPKO等のオペレーションへの展開が可能になった。ERRFの典型的なシナリオは，バルカン半島で行われているNATO主導のIFORやSFORに似たようなものになるといわれている。ERRFの任務は，戦闘的な平和執行や人道援助まで多岐にわたる。EUにおけるERRFの構想を担当しているアイルランド共和国陸軍のショーン・マッケン（Sean McCann）陸軍中佐によると，ERRFのシナリオとして具体的に数種類の展開をEUでは考えているという。まずは，伝統的なPKOのような状況安定維持部隊のようなものである。次に避難行動や人道援助を同時に行うようないわゆる「同時展開活動」である。またERRFは，砂漠や岩場の多い地域にも対応するようにする。この件に関してあるイギリスの高官は，これによりERRFがたとえばアフリカの政治的危機からEU国籍の者を救助することも可能であろうと発言している。このようにERRFの任務は多岐にわたり包括的なオペレーションになるであろうと予想されている。報告によると，ERRFの最初の任務として，マケドニアで行われているNATOによるPKO活動を引き受けることがEU内で検討されている[77]。このようにERRFは国連やNATOではなくEUの平和維持活動としてヨーロッパ内における主要な紛争の解決を担っていくことが期待されている。

4-4-4 ポスト冷戦期のPKO問題その3 ── 9.11テロ事件後のPKOについて

アメリカ同時多発テロが起こった翌日の2001年9月12日，国連安全保障理事会は，その決議書1368号を満場一致で採択した。その内容とはすべての国連加盟国に，テロリスト行為の計画犯，実行犯，そして資金提供者を裁くための努力を惜しまず，加盟国全体で取り組むことを要求したことである[78]。同年9月28日，国際テロリストと戦うべくさらなる国連安全保障理事会での決議書1373号が，再び満場一致で採択された。この決議書では「国連憲章第7章をもとに行動をする」と記載されている。この決議書1373号はすべての加盟国が法的に義務づけられる広範囲の対テロリスト対策が記載されている。そ

の対策とは，テロリスト行為の資金源の遮断，国境地帯におけるテロリスト活動の阻止，テロリスト行為およびそのネットワークに関する情報収集力の強化などである[79]。

　これら2つの安全保障理事会の決議書の内容は同時多発テロ以降のPKOの形態がいくつかの点において変わりうることを示唆している。まず第1点に国際社会は以前よりもこのより不明確になった安全保障体制に対処するため，より固い結束が要求されるということである。国連加盟国はテロリズムを巻き込むようなオペレーションに対しても，怯むことなく積極的にかかわっていかなければならなくなる。第2点目として，この新しい安全保障体制の時代において，ほとんどの平和維持や平和創造活動では，強制力を高める国連憲章第7章をもとに行われるに違いない。要員を派遣しようとする国の政府は，この不確実な時代において，もしマンデートのなかに第7章に基づいた武装の拡大がなければ，その派遣に消極的になってしまうであろう。たとえば，東ティモールでのPKO（UNTAET：1999-2002, UNMISET：2002-）では，PKO要員は，自らが用意した武器を使用する機会をあまりなくとも，国連憲章第7章に基づいた任務を義務づけられている。第3点目として，PKOの任務がさらに複雑化し，多機能になるであろう。テロリストが存在するであろうと考えられる荒廃した地域におけるPKOの主要任務の1つとして，テロリスト行為の資金源やテロネットワークの解体があげられるであろう。いい換えれば，決議書1373号で要求されている徹底した情報収集や国境規制も，ポスト9.11におけるPKOにおいて要求される重要な任務となり得る。

　一方，もし国際社会がPKOを通してのみテロリスト行為を対処しようとすると，PKOの基本原則（合意，中立，最小限の武装）は大幅に見直しを要求されることとなろう。たとえば，関係政府および関係武装集団からの合意にしても，アフガニスタンで現在行われているPKO（国際治安支援部隊：ISAF）は，いったいどのようにしてアルカイーダから基本合意が得られるのであろうか。しかしながら現実的には，PKOが単独で対テロリスト対策を行うことはあり得ない。実際には，アメリカ同時多発テロ以前でさえも，多くのPKOが設立する

前に，重装備の多国籍軍の遂行がみられる。たとえば，1994年のハイチでは国連 PKO（国連は一監視団：UNAMIH）がそれまで展開していたアメリカ軍主導の多国籍軍が国家内の紛争状況を鎮圧した後に配置された。1995年でのソマリアでも，大きな強制力をもった平和執行部隊のソマリア統一機動隊（UNITAF）が短期間ながらもソマリアの治安を急速に回復させ，その後国連 PKO である第 2 次国連ソマリア活動（UNOSOM II）が引き継いだ。同様に東ティモールにおいても 1999 年の住民投票の後に襲った民兵の反乱を，オーストラリア軍主導の多国籍軍が十分に鎮圧しなければ，その後の国連 PKO（国連東ティモール暫定統治機構：UNTAET）の成功もなかったと考えられる。

しかしながら，ポスト 9.11 の環境においては，特にテロリストを巻き込んだ紛争においては，多国籍軍や平和執行部隊だけでの対応では不十分であろう。つまり PKO の先行部隊だけでは不十分なのである。2001 年，アフガニスタンのタリバン政権に対して英米軍が繰り広げたような，その地域においてテロリストを撲滅するための通常戦争が必要になってくるのである。アフガニスタンでは，その戦争によってタリバン政権およびアルカイーダがほぼ壊滅させられた後，先述した ISAF がカブールを中心に展開された。ISAF は 2001 年 12 月 20 日，国連安全保障理事会決議書 1386 号で承認を受け，国連憲章第 7 章に基づき，カブールにおけるテロリスト解体，およびカブールの治安回復にあたっている。現在 ISAF はトルコ軍を中心としたヨーロッパ諸国から経験された軍を中心に構成されている。

2001 年 10 月 11 日，アメリカのブッシュ大統領は，報道機関に次のように述べている。「私は（それでもなお）国連が（アフガニスタンの）国家建設に事業を ISAF から引き継ぐための重要な機能をもっていると思う。我々は，我々の任務（アフガニスタンへの通常戦争および ISAF）を終えた後に行われると予想される国連の任務は，将来のアフガン政府の安定化の構築であると考える」つまりここで重要なことは，ポスト 9.11 の現在の不安定な時代においても，つまり対テロリスト対策においても究極的には，国連の PKO は必要になってくるということである。結論づければ，9.11 以前の国際安全保障体制においての

典型的な平和プロセスは「国連外の多国籍軍―国連 PKO」と連携されたものが，現在のポスト 9.11 の時代においては「対テロリスト戦争―多国籍軍―国連 PKO」というオプションが加わっていくことになるであろう[80]。

4－5　現代の PKO の問題点：過剰展開と出身派遣国のバランスの欠如

　前に述べたように，東西冷戦が終了後の安全保障体制は多くの民族・宗教紛争により危ぶまれ，その結果多岐にわたる国際紛争解決手段を必要とし PKO もその重要な手段として位置づけられた。また一方で，2 章で述べたように，ポスト冷戦期には極めて反人道的な民族・宗教紛争の結果「人間の安全保障」や「保護する責任」という概念が台頭した。このことにより国際社会が，それまでの「内政不干渉」の概念を打ち破り，悲惨な状況をみたその者たちが責任をもってそこに介入していくという気運が生まれた。その結果現在社会において PKO に対する需要が急増したのであった。

　たとえば 1993 年 7 月において国連 PKO において軍民の数は 78,444 名に達した。この時期は，旧ユーゴスラビアにおける UNPROFOR，ソマリアにおける UNOSOM，カンボジアにおける UNTAC 等の大規模な国連 PKO が展開していたことが主な理由である。しかし UNPROFOR や UNOSOM が期待されたような任務が果たせなかったことにより，国連 PKO の規模は徐々に減少していった。それにもかかわらず 2001 年 11 月の時点の国連 PKO における軍民の数は相対的に多く 47,778 人であった。この時期における国連 PKO の主要ミッションはシエラレオネの UNAMSIL や東ティモールの UNTAET 等であった。その後また徐々に国連 PKO の規模は徐々に拡大していき，特にアフリカのミッションが急増していった。具体的には，リベリアの UNMIL（約 15,000 名），コンゴ民主共和国の MONUC（約 11,000 名），コートジボワールの UNOCI（約 6,000 名），ブルンジの ONUB（約 6,000 名）等である。その結果，2010 年 2 月における国連 PKO の軍民の数は，100,546 名にものぼった。

第 4 章　PKO の歴史と課題点の変遷　101

　このように国際情勢からの要望にこたえるべくして多くの国連 PKO が設立された一方でさまざまな問題も浮き彫りになった。その問題の 1 つは，国連の限られた容量や能力（キャパシティー）を超えるほど PKO が過剰に世界中に展開されてしまったことである。2005 年コフィ・アナン国連事務総長は，自身の報告書『より大きな自由で（*In Larger Freedom : towards development, security and human rights for all*)』のなかでも，国連 PKO に関する重要な改革にともない加盟国の信頼が，PKO の需要を大いに高めたものの，国連の能力が深刻な状況で過剰展開されていることを認めた[81]。2007 年ニューヨーク大学国際協力センターで発行している *Annual Review of Global Peace Operations* においても次のように警告している。

　　　国連ミッションは，深刻かつより悪化された負担を背負っている。現在の状況にもう 1 つ PKO ミッションが加えられたら，国連においては過剰展開の限界を超えてしまうであろう[82]。

　2006 年 10 月国連 PKO 局の国連事務次官もこの PKO の過剰展開の問題を指摘し，この PKO の過剰展開はすでに PKO 局の能力を超えていると言及している[83]。
　PKO の過剰展開の問題により，新たな国連ミッションの設立の際において派遣国の確保に多大な困難が生じた。1999 年，シエラレオネの UNAMSIL が設立された際には，当初計画された 12,000 名の PKO 兵士を 9 カ月以内で集めることができたが，2005 年のスーダンのミッションである UNMIS においては，設立 9 カ月後では 3,600 名の兵士しか集めることができず，これは当初計画した人員の 40％ にすぎなかった[84]。
　実際に，国連 PKO の問題は 2006 年において悲惨な結果をもたらすこととなった。実際に 2006 年は，ポスト冷戦期において国連 PKO にとっては最も大きな教訓を受けた 1 年でもあった。それはこの年に南レバノンと東ティモールにおいて，それぞれの国連ミッションである国連レバノン暫定隊（UNIFIL）

と国連東ティモール事務所（UNOTIL）がその地で起こった安全保障上の危機的状況にまったく対応できなかったからである。2006年7月12日南レバノンでは，イスラエルが南レバノンからの撤退を余儀なくされたことへの報復として，当地の武装勢力であるヒズボラに砲撃した。その時点でUNIFILは兵力を2,000までに減少し，28年に及ぶ南レバノンでの任務を終了しようとしていた。その撤退直前のイスラエルの砲撃により，国連安全保障理事会決議1701は，UNIFIL撤退案を撤回し，兵力を15,000に戻した。そしてUNIFILに対して国連憲章7章に基づき「必要のためのいかなる手段をとる（to take all necessary action）」権限をもたせ，UNIFILに幅広い武力の行使を容認した[85]。一方東ティモールでは，2006年4月及び5月に起こった政治的，人道的，さらには安全保障上の危機ともいえる民衆の大規模な暴動により首都ディリが完全に機能麻痺の状況に陥った。そして当地の国連ミッションであるUNOTILはその信頼を大きく喪失していった。2006年8月5日国連安全保障理事会決議1704は，UNOTILに代わり国連東ティモール統合ミッション（UNMIT）の設立を決定した。UNMITは，小規模で政治ミッションに過ぎなかったUNOTILとは異なり，1,600名を超える文民警察官を中心としたミッションで，治安回復のみならず東ティモール警察に対して訓練等の援助をその任務とした。

　この南レバノンと東ティモールの安全保障上の危機は，当地における国連PKOの規模の大幅縮小が主な原因の1つと考えられ，この規模縮小は増加するほかの国連PKOの需要に応えるための手段であったことは注目に値する。

　PKOに対する過剰展開は国連だけに限ったことではない。すなわち国連外のPKOの規模も拡大化しているのである。先の述べたニューヨーク大学の国際協力センターの統計によると，2008年10月の時点で世界の全PKOにおける軍民スタッフの数においては，国連PKOの数は全体の48％で半分にも満たない。北大西洋条約機構（NATO）の運営によるPKOでの軍民の数は全体の40％にのぼり国連PKOの数に迫っている。ヨーロッパ連合（EU），アフリカ連合（AU），西アフリカ諸国経済共同体（ECOWAS）等その他の地域機構のPKOは12％であった[86]。これは国連ミッションが，PKOとしての主アクター

としての地位を，将来地域機構によってとって代えられる可能性を示唆するものである。

しかしNATOのミッションの大多数は，コソボのコソボ治安維持部隊（KFOR）とアフガニスタンの国際治安支援部隊（ISAF）の2つのミッションが占めているのが現実である。特にISAFは，世界43カ国から85,795名の要員からなる異常なほどの大規模なミッションである[87]。ISAFの特異性は，その規模だけではない。ISAFはアジア地域のミッションであるにもかかわらず，ISAFはアメリカを含むすべての西欧の政治大国を中心とした西欧国家を中心としたミッションである（2010年3月現在，アメリカ47,085名，イギリス9,500名，ドイツ4,415名，フランス3,750名，イタリア3,150名等）。また財政状況に関しても，NATOのPKOにおける兵力1人当たりの予算は，国連のそれよりも5倍高である[88]。

このような国際PKOの多様性により，現在国連PKOは限られた主要国家からの要員派遣で賄われなければならないという状況に甘んじている。2010年1月現在国連PKOは，115カ国の国連加盟国の要員から派遣されてはいるが，派遣要員数上位10カ国だけで，全国連PKOの総要員の60％を占めている。その上位10カ国のすべてが非西欧諸国の発展途上国である（そのうち4カ国が南アジアで，4カ国はアフリカ諸国である）。中央アジアそして南アジア諸国からの派遣要員のみで全国連PKOの総要員の70％を占め，ヨーロッパ諸国からの派遣要員は全体の13％に過ぎない。ISAFに大規模派遣をしている西欧諸国の国連PKOに対する消極性は，次第に顕著になっていった[89]。

現在の国連PKOの派遣問題としてあげられる別の問題に，地域別PKOによる出身派遣国家の偏りである。たとえば図表4－1にみるように2011年において中東の国連PKOの軍民スタッフの約50％がヨーロッパ諸国からの派遣要員である。そして図表4－2でみるようにアフリカの国連PKOの約50％の軍民スタッフはアフリカからの派遣である。

国連PKOの需要における増加傾向は，その能力を超える過剰展開をもたらした。さらに派遣側の見地からは，バランスや平等性の欠如が認識された。西

図表4－1　中東の国連PKOにおける出身派遣国の構成（2011年10月31日）

Region	Troops/Military Observers	% of Total
Africa	1,033	7.6
East Asia and the Pacific	3,628	26.9
Central and South Asia	2,587	18.9
Middle East	3	0
Europe	6,290	46
Central and South America	75	0.5
North America	12	0.1

出所：*Annual Review of Global Peace Operations 2012*, Center on International Cooperation.

図表4－2　アフリカの国連PKOにおける出身派遣国の構成（2011年10月31日）

Region	Troops/Military Observers	% of Total
Africa	30,414	49.7
East Asia and the Pacific	2,830	4.6
Central and South Asia	24,048	39.3
Middle East	1,533	2.5
Europe	733	1.2
Central and South America	1,612	2.6
North America	35	0.1

出所：*Annual Review of Global Peace Operations 2012*, Center on International Cooperation.

　欧諸国のコソボや，特に対テロ対策の要であるアフガニスタンにおけるPKOへの要員集中は，アジア・アフリカ地域の国連PKOにおける軍事空洞化を招きかねない。そしてアフリカでの国連PKOは限定された南アジアやアフリカ国家からの派遣で賄われている。ヨーロッパ諸国の国連PKOは，国際経済の要である中東でのミッションに限られている。このようなバランスや平等性の

欠如は，国際PKO全体にとって好ましいものではない。現在国連PKOは，現実主義的な政治的要因によってマージナル化されているといえよう。この現実は，国連に対する加盟国のモラルや倫理観の問題，さらには国連PKOの技術的なキャパシティーの問題として将来大きな論争を繰り広げる可能性を秘めている。

4－6 結 論

　第2次世界大戦後，国連によるPKOは新たな国際安全保障体制を維持するためのメカニズムとして導入した。PKOは，紛争が勃発し，後に休戦協定が結ばれた地域に介入し，国家および武装集団の敵対行為や敵対意識を緩和させることを目的としている。PKOは冷戦期においては，それまでの大国主導の集団安全保障に代わるものとして，アフリカ，中東地域を代表する世界各地の紛争地域に積極的に介入していった。

　PKOは当初予想されていたような威圧的で，利他的で悲観的なものではない。それはむしろ，国連，貢献国，そして受入国のなかでの契約に基づいて行なわれ，お互いの信頼関係の中で成り立っているといえよう。そして，その活動はどちらかというと地味で，その活動自体がその紛争を解決するということではない。PKOの役割は，看護士のように補助的であり，競技のレフリーのように物理的な力はないが公平で絶対的な権力がある。よって紛争当事国は，PKOの力を過信して，自らの政治による紛争解決を怠ってしまえばかえってPKOは逆効果になり得るであろう。

　一方で，PKOはそれまでの欠陥の多い大国主導の国際安全保障にメスを入れた画期的な紛争解決手段であり，その重要性は毎年多額の国連の予算を投じている事からも明らかである。よってPKOは補助的ながらも，その莫大な予算に応じた効力を要求されてしかるべきである。

　PKOは，冷戦期においては，さまざまな理論的なチャレンジを受けた。それらのほとんどは，いわゆる「オペレーションの効率に対する過大評価，機能

面の限界に対する過小評価」によるものである。PKOは，あらゆる種類の地域，あるいは国際紛争に対応しうるものではなく，いわゆる「えり抜きの」紛争解決であったのである。この意味においても，PKOの途中撤退は避けられない部分もあった。冷戦期のPKOは，国連憲章6章半の枠組みのなかに堅く組み込まれており，それゆえ3原則を遵守し，また万能薬でもないことからも，このような状況は理解ができる。

また冷戦期においてPKOは国際的なコンセンサスを得られることはなかった。とりわけ，2つの超大国間のPKOを含む紛争管理における基本政策のギャップは大きかったといえる。いい換えれば，PKOは冷戦期においては，国際政治のイデオロギーに深くかかわった現実主義のなかに組み込まれていたといえる。基本的にソ連はPKOの正当性を認めることはなかったのである。それゆえ，冷戦期において，ほとんどのPKOは西側諸国に支配されていたのである。このことからもソ連のPKOに対する「財政的な拒否権」は国際政治の権力のバランスを保ち，アメリカをはじめとする西側諸国も，国連を地球規模に機能させるためにも，このソ連のPKO分担金の支払い拒否を認めていたのである。

ポスト冷戦期のPKOに関していえば，その問題は冷戦期の理論的な，そしてイデオロギー的なものよりはむしろ，具体的なオペレーションの詳細な内容に焦点が向けられた。国連PKOは，そもそもは前述のアラン・ジェイムス教授が一貫して訴えかけたように，PKOの本質はあくまでも「2次的」であり「補助的」であるはずである。しかし本章で理解されるように，東西冷戦終了後において国連PKOは，大きな変貌を遂げ，その数が急増したのみならず，平和執行部隊や人道的援助を初めとするその機能を拡大していったのである。そして平和執行部隊などのような，もはや「2次的」とはいえない強制力の高い任務は，この安全保障上不明瞭な時代，そして残虐性の高い内紛においては避けられない任務なのであろう。そのためにも国際社会は，国連もしくは地域機構が迅速展開能力を増すような待機軍のようなものの存在を真剣に考慮していかなければならない。先述したブラヒミレポートやERRFはこのような問

題を正確に対処するために考え出されたものである。さらにポスト9.11時代における紛争解決手段は更に複雑化し，そのためにPKOと幾重もの紛争解決手段のコンビネーションが必要になってくるであろう。しかしながら，国際社会はポスト9.11のこの時代においても長期的な展望を考慮すれば依然として，PKOを本質的で不可欠な紛争解決手段と位置づけることであろう。

現在のPKOにおいては，上記にあげた諸要素が絡んだ問題が発生した。ポスト冷戦期におけるPKOの需要の急増と，ポスト9.11期においてアフガニスタンのISAFにみられるような対テロ戦略が絡んだ国連外の超大型PKOの台頭の結果，PKO派遣に関して加盟国での偏りが生じ，結果的に国連PKOの能力を超えた過剰展開が余儀なくされているという現実である。

この21世紀において，国連，地域機構，PKO貢献国，そして関係政府との間での新たな，そして一層向上してバランスのとれたパートナーシップがPKOをより効果的に機能するために必要である。

このようにPKOは，冷戦期，ポスト冷戦期そしてポスト9.11期とその時代の要請に合わせ，その問題や課題に取り組みながら進化することが要求される。それは，学術界や政策作成者の分析，PKOのオペレーションで働く実務家の経験，そして政策決定者の決断力により，試行錯誤を繰り返しながら進化されるべきものである。

【注】

(1) Goodrich L., *The United Nations* (London : Steven and Sons, 1960), p. 165.
(2) Urquhart B., "International Peace and Security : Thought on the Twentieth Anniversary of Dag Hammarskjold Death", *Foreign Affairs*, Vol. 60, No. 1, 1981, p. 7.
(3) Hiscocks R., *The Security Council* (London : Longman, 1973), p. 68.
(4) Rudzingski A., "The Influence of the UN on Soviet Policy", *International Organization*, May, 1951.

(5) Johnson J. E., "The Soviet Union, the United States and International Security", *International Conciliation*, February 1949.
(6) Goodrich L., p. 166.
(7) Fabian L. L., *Soldiers without Enemies* (Washington D. C. : The Brooking Institute, 1971), p. 2.
(8) James A., *Politics of Peacekeeping* (London : Chatto and Windus, 1969), p. 2.
(9) 高井晋『国連PKOと平和協力法』東京 真正書籍, 1995年, p. 33。
(10) Lash J. P., *Dag Hammarskjold* (London : Cassell and Company, 1961), p. 84.
(11) Pearson L., *Memoirs Volume II 1948-57* (London : Victor *Gollancz, 1974*), p. 246.
(12) Urquhart B., *Hammarskjold* (London : The Bodley Head, 1972), p. 160.
(13) *Ibid.*, p. 191.
(14) *Ibid.*, p. 260.
(15) *Ibid.*, p. 194.
(16) 香西茂『国連の平和維持活動』有斐閣, 1991年, p. 80。
(17) Diehl P. F, *International Peacekeeping* (Baltimore and London : The John Hopkins University Press, 1993), p. 29.
(18) James A., *Peacekeeping in International Politics* (London : Macmillan, 1990), p. 1.
(19) Hammarskjold D., "The UNEF Experience Report" in Cordier A. W. and Foote W. (eds.), *The Public papers of the Secretary-General of the United Nations, Vol. 5 : Dag Hammarskjold 1958-1960* (New York : Columbia University Press, 1974), p. 284.
(20) *Ibid.*
(21) *Ibid.*, p. 280.
(22) *Ibid.*, p. 283.
(23) International Peace Academy, *Peacekeeper's Handbook*, New York 1978, p. III/4.
(24) Diehl P. F., *International Peacekeeping* (Baltimore and London : The Johns Hopkins University Press, 1993), p. 29.
(25) Pearson L. B., "Force for UN", *Foreign Affairs*, Vol. 35, No. 3, April 1957,

p. 403.
(26) Holmes J. W., "The Political and Philosophical Aspects of UN Security Forces", *International Journal*, Vol. 19, Part 3, 1964, p. 298.
(27) Harbottle M., "The October Middle East War : Lesson for UN Peacekeeping", *International Affairs*, Vol. 50, No. 4, October 1974, p. 544.
(28) Stegenga J. A., "Peacekeeping : Post-Mortems or Previews?", *International Organization*, Vol. 27, No. 3, Summer 1973, p. 377.
(29) Lefever E. W., "The Limit of UN Intervention in the Third World", *Review of Politics*, Vol. 30, Part 1, 1974, p. 6.
(30) たとえば，バーンズ（Burns）は，次のように述べている。「何カ月，何年にも及ぶ国連内での論争のなかで，我々はもしアメリカとソ連の間で合意が得られないような政策において，国連は平和を維持するために使われうることはないであろうと結論づけるのである。」 Burns E. L. M., "The Withdrawal of UNEF and the Future of Peacekeeping", *International Journal*, Vol. 23, Part 1, 1967, p. 12.
(31) Groom A. J. R., "Peacekeeping : Perspectives and Progress", *International Affairs*, Vol. 47, No. 2, April 1971, p. 340.
(32) Rothwell R. B., "UN Peacekeeping and Foreign Policy", *Marine Corps Gazette*, Vol. 58, Part 12, 1974, p. 25.
(33) Doxford C. F., "United Nations Peace-Keeping Operations : Problems and Uncertainties", *Australian Outlook*, Vol. 22, Part 1, 1968, p. 55.
(34) Forsythe D. P., "United Nations Intervention in Conflict Situations Revisited : A Framework for Analysis", *International Organization*, Vol. 23, No. 1, Winter 1969, p. 138.
(35) Jonah J. O. C., "The Sinai Peacekeeping Experience : a Verification Paradigm for Europe" in *World Armaments and Disarmament, SIPRI Yearbook 1985* (London : Tailor and Francis, 1985), p. 548.
(36) James A., "The UN Force in Cyprus", *International Affairs*, Vol. 65, No. 3, Summer 1989, p. 499.
(37) Rothwell R. B., p. 25.
(38) Lefever E. W., p. 14.
(39) Cox A. M., *Prospect for Peacekeeping* (Washington D. C. : The Brooking

Institution, 1967), pp. 27-32.

(40) Khrushchev N., "On Peaceful Coexistence", *Foreign Affairs*, Vol. 38, No. 1, October 1959, p. 7.

(41) Finger S. M., "Breaking the Deadlock on UN Peacekeeping", *Orbis*, Vol. 17, Part 2, 1973, p. 390.

(42) Burns E. L. M., p. 14.

(43) Weiner R., p. 918.

(44) 1945年から1990年5月までにおける各常任理事国における拒否権の発動回数は、中国5, フランス18, イギリス30, アメリカ69, ソ連114であった (Siddigi A. R., "UN Dilemma : Peacekeeping or Peace-Enforcement?", *Defence Journal*, Vol. 20, No. 9-10, 1994, p. 13)。一方、1990年5月から1997年6月までの同回数は、全体でわずか6回であった (Malone D. M., "The UN Security Council in the Post-Cold War World : 1987-97", *Security Dialogue*, Vol. 28, No. 4, 1997, p. 395)。

(45) Sources from the Department of Peacekeeping Operations, the United Nations Headquarters, http://www.un.org/peace

(46) たとえば、アンゴラ (UNAVEM)、ナミビア (UNTAG)、エルサルバドル (ONUSAL)、西サハラ (MINURSO)、旧ユーゴスラビア (UNPROFOR)、カンボジア (UNTAG)、ソマリア (UNOSOM)、グルジア (UNOMOG)、リベリア (UNOMIL)、ハイチ (UNMIH)、ルワンダ (UNAMIR)、タジキスタン (UNMOT)、におけるPKOなどである。

(47) Roberts A., "The Crisis in UN Peacekeeping," *Survival*, Vol. 36, No. 3, Autumn 1994, pp. 102-104.

(48) Thadoor S., "Should UN Peacekeeping Go 'Back to Basic'?", *Survival*, Vol. 37, No. 4, 1995, p. 61.

(49) チャイルダー氏が、「さらなる」国連の失敗であるとあえて述べた背景には、冷戦時代における米ソの拒否権の過剰な発動による安全保障理事会の機能的麻痺を「最初の」国連の失敗と捉えていると思われる。

(50) Childers E., "Peacekeeping's Great Power Handicap", *War Report*, Issue 28, September 1994, p. 29.

(51) Annan K., "UN Peacekeeping Operations and Cooperation with NATO",

NATO Review, Vol. 41, No. 5, October 1993, p. 4.
(52) Annan K., "Peace Operations and the United Nations : Preparing for the Next Century", An unpublished paper, New York, February 1996.
(53) Curtis W., "The Inevitable Slide into Coercive Peacemaking : The UN Role in the New World Order", *Defence Analysis*, Vol. 10, No. 3, 1994, p. 312.
(54) Fetherson A. B., *Toward a Theory of United Nations Peacekeeping* (London : Macmillan, 1994), pp. 20-21.
(55) Mackenzie L., "Military Realities of UN Peacekeeping Operations", A presentation paper to Royal United Service Institute for Defence Studies (RUSI), 9 December 1992.
(56) Goulding M., "The Use of Force by the United Nations", *International Peacekeeping*, Vol. 3, No. 1, Spring 1996, p. 9.
(57) Lindenmayer E., *The United Nations and the Collective Use of Force : Whither or Whether?* in Morrison A., Fraser D. A. and Kiras J. D. (eds.) *Peacekeeping with Muscle : the Use of Force in International Conflict Resolution* (Clementsport : The Canadian Peacekeeping Press, 1997), p. 175.
(58) UN Document A/55/305-S/2000/809, *Report of the Panel on United Nations Peace Operations*, 21 August 2000.
(59) Hoffman S., "The Politics and Ethics of Military Intervention," *Survival*, Vol. 37, No. 4, Winter 1995-96, p. 33.
(60) *The Financial Times*, 11 January 1994.
(61) UN Document A/50/60-S/1995/1, *Supplement to An Agenda for Peace*, Position Paper of the Secretary-General on the Occasion of the Fifteenth Anniversary of the United Nations, 3 January 1995, para. 77.
(62) Tharoor S., p. 58.
(63) *The Economist*, 30 April 1994.
(64) 川端清隆, 持田繁『PKO新時代』岩波新書, 1997年, pp. 210-211。
(65) たとえば, 1993年当時の国連事務次長であったブライアン・アークハート (Brian Urquhart) は5,000名の志願兵からなる軽装備歩兵部隊の創設を国連内において提唱し, 1995年ガリ事務総長は, 国連加盟国からなる国連待機軍の創設を提案した (Roberts A., "From San Francisco to Sarajevo : The UN and the Use of

Force", *Survival*, Vol. 37, No. 4, Winter 1995-96, pp. 25-26)。

(66) Urquhart B., "Prospect for a UN Rapid Response Capability" in Cox D. and Legault A. (eds.), *UN Rapid Reaction Capabilities: Requirements and Prospects* (Clementsport: The Canadian Peacekeeping Press, 1995), p. 31.

(67) Jeffery M. K., "The United Nations Transition Assistance Group (UNTAG) in Namibia", in Cox D. and Legault A. (eds.), *UN Rapid Reaction Capabilities: Requirements and Prospects* (Clementsport: The Canadian Peacekeeping Press, 1995), pp. 127-135.

(68) *Supplement to An Agenda for Peace*, 1995, para. 86.

(69) 1992年12月3日、国連安全保障理事会決議794号によりソマリアの人道的援助の環境の向上のために国連憲章第7章に基づき The United Task Force (UNITAF) の設立が承認された。UN Document S/Res/794 (1992), 3 December 1992.

(70) 1994年6月22日、国連安全保障理事会決議929号によりルワンダ南西部の人道保護地域の設立のために国連憲章第7章に基づきフランス軍の展開が承認された。UN Document S/Res/929 (1994), 22 June 1994.

(71) 1994年7月31日、国連安全保障理事会決議940号により民主選挙で選出された大統領およびハイチ政府の権限の回復の向上のために国連憲章第7章に基づき多国籍軍の設立が承認された。UN Document S/Res/940 (1994), 31 July 1994.

(72) 1995年12月15日、国連安全保障理事会決議1031号によりデイトン合意の条項の遵守のため国連憲章第7章に基づき多国籍軍 (IFOR) に設立が承認された。UN Document S/Res/1031 (1995), 15 December 1995.

(73) 1994年6月30日、国連安全保障理事会決議934号によりグルジアの停戦協定を遵守するため CIS 軍の設立が承認された。UN Document S/Res/934 (1994), 30 June 1994.

(74) 1997年3月28日、国連安全保障理事会決議1100号によりアルバニアでのピラミッド計画の崩壊後の人道的援助の保護の向上のために国連憲章第7章に基づきイタリア軍主導の多国籍軍の設立が承認された。UN Document S/Res/1100 (1997), 28 March 1997.

(75) 1997年8月6日、国連安全保障理事会決議1125号により中央アフリカ共和国において展開されていた an inter-African force (MISAB) への国連加盟国の参加が国連憲章7章に基づき承認された。UN Document S/Res/1125 (1997), 6

August 1997.
(76) Rader S. R., "NATO" in Findlay T. (ed.), *Challenges for the New Peacekeepers* (Solona, Sweden : Stockholm International Peace Research Institute, 1996), pp. 154-157.
(77) 2002年8月13日，アイルランド国連訓練校にて，陸軍中佐ショーン・マッケンとのインタビューから。
(78) UN Document S/Res/1368 (2001), 12 September 2001.
(79) UN Document S/Res/1373 (2001), 28 September 2001.
(80) 9.11テロ事件後のPKOに関しては，Ishizuka K. "Peacekeeping Operations after September 11th", *The Newsletter of the British International Studies Association* (BISA, Britain), No. 74, July 2002, pp. 12-13 を参照のこと。
(81) UN Document A/59/2005, *In Larger Freedom : towards development, security and human rights for all*, 21 March 2005, para. 111.
(82) Centre on International Cooperation at New York University, *Annual Review of Global Peace Operations 2007 : Briefing Paper*, New York University, p. 2.
(83) *Ibid.*
(84) Gowan R., "The Strategic Context : Peacekeeping in Crisis, 2006-08", *International Peacekeeping*, Vol. 15, No. 4, August 2008, p. 459.
(85) UN Document S/RES/1701, 11 August 2006, para. 12.
(86) Center on International Cooperation at New York University, *Annual Review of Global Peace Operations 2009 : Excerpted Form*, New York University, p. 3.
(87) このISAFが，PKOに分類されるかどうかは議論の余地があることをここに特記しておく。
(88) Gowan R., "The Future of Peacekeeping Operations : Fighting Political Fatigue and Overstretch", Friedrich Ebert Stiftung Briefing Paper 3, The Century Foundation, March 2009, p. 3.
(89) 国連PKOホームページ，http://www.un.org/en/peacekeeping/contributor/2010/jan10. 2010年3月2日参照。

第 5 章
PKO と貢献国との積極的な関係：
現実主義のさまざまな形態

5-1 導　入

　いうまでもなく PKO は，貢献国による要員（軍人，文民）の派遣によって成り立っている。貢献国側にとってみると PKO 派遣は，純粋な利他主義のみに基づくのではなく，1 つの外交政策として捉えている。派遣側からみた PKO の理論を考えた場合，次の 2 点に留意すべきであろう。

　まず第 1 点目として，国連 PKO は国連の全加盟国に対してさまざまな方法で，PKO 派遣を依頼する機会を均等に与えているということである。つまり国連全加盟国は，自らが望むのであれば，進んで PKO に兵士や文民警察官等を派遣することができる。図表 5 - 1 は，2012 年 12 月 31 日現在の国連 PKO への人員参加数に関する国連加盟国別のランキング上位 50 カ国を表したものである。その 50 カ国をみると，国連安全保障理事会の常任理事国の 5 大国中，3 カ国が名を連ねている。その他，常任理事国以外のヨーロッパ諸国からは 6 カ国，常任理事国以外のアジア太平洋地域からは 15 カ国，アフリカからは 18 カ国，そして中南米からは 8 カ国となった。このように PKO に対しては，常任理事国のような大国からも，ヨーロッパのいわゆる「ミドルパワー」からも，アジアやアフリカの小さな途上国からも，国力に関係なく派遣しており，しかも世界の地理的なバランスも取れているといえる。

　第 2 点目として，PKO 派遣の仲介者ともいえる国連は，貢献国を選択するに対して強制的あるいは説得的な態度はとらないということがいえる。PKO figure 5－1 国連 PKO への人員参加数に関する国連加盟国別のランキング上位 50 カ国（2012 年 12 月 31 日現在）

順位	国名	参加人数	順位	国名	参加人数
1位	パキスタン	8,967	26位	フランス	968
2位	バングラデシュ	8,828	27位	マラウイ	938
3位	インド	7,839	28位	モンゴル	932
4位	エチオピア	5,857	29位	ケニア	852
5位	ナイジェリア	5,441	30位	フィリピン	727
6位	ルワンダ	4,697	31位	スペイン	723
7位	ネパール	4,429	32位	トーゴ	720
8位	エジプト	3,577	33位	トルコ	636
9位	ヨルダン	3,505	34位	オーストリア	545
10位	ガーナ	2,814	35位	チリ	533
11位	ブラジル	2,199	36位	ウクライナ	516
12位	ウルグアイ	2,185	37位	ペルー	396
13位	南アフリカ	2,138	38位	アイルランド	392
14位	セネガル	2,115	39位	韓国	379
15位	中国	1,869	40位	カンボジア	368
16位	インドネシア	1,717	41位	シエラレオネ	342
17位	モロッコ	1,601	42位	イエメン	318
18位	タンザニア	1,340	43位	ガンビア	307
19位	ニジェール	1,138	44位	グアテマラ	303
20位	イタリア	1,127	45位	イギリス	283
21位	ブルキナファソ	1,102	46位	日本	278
22位	スリランカ	1,072	47位	フィジー	243
23位	アルゼンチン	1,025	48位	ボリビア	224
24位	ベニン	1,011	49位	ザンビア	215
25位	マレーシア	977	50位	パラグアイ	209

出所：国連 PKO ホームページより（http://www.un.org/en/peacekeeping/）。

学の権威であるアラン・ジェイムス教授も次のように述べている。「PKO貢献国を選択するに際して，国連が中心的な役割を果たしているというのは，大きな誤解である。国連が加盟国に命令し，加盟国が急いで承諾の回答をするという発想は，まったくをもって現実離れをしている」[1] つまりPKO派遣に対してまず興味を示すのは，国連ではなく要員を派遣する貢献国側であるといえる。国連PKO派遣国の最終決定は，常に安全保障理事会であり，その理事会の決定後に正式な招待状が国連から貢献国政府に送られる。しかしそのような公式な招待状は，国連高官とPKO参加熱望する貢献国の政府代表との間の「非公式な」会談による相互理解のもとに行われている。

いい換えれば，たとえ国連が熱心にPKOの派遣国を探しても，その派遣の条件が，派遣国になり得る国連加盟国の「国益」に見合わなければ，国連の打診に対して消極的な回答をしていくであろう。たとえば，1993年から1995年の間に展開した国連PKOである第2次ソマリア活動（UNOSOM II）において，当時の国連事務総長が多数の国連加盟国にその派遣を要請したものの，当時多くの国連兵士の犠牲者[2]を出していたこのUNOSOM IIに対して積極的な回答をした加盟国は1国もなかったという。この例からも国連は加盟国に対して強制的な姿勢をとることができないことがわかる。

しかしそれだからといって国連による大きな特権を与えることが望ましいというものではない。なぜならPKO派遣は，国連とその加盟国との間において深い信頼関係が結ばれたところで成立するからである。この信頼関係を抜きにして満足のいくPKO活動は生まれない。

一方で過去のPKOの事例を振り返り，国連加盟国がどのような動機でPKOに参加しているかを分析することは重要である。一般的に貢献国はどのような側面を考慮してPKOに積極的に参加する意思を示しているのか。各貢献国はそれぞれ固有の理由があるにしても，この件に関して共通の思惑があるであろう。この件に関する事例検証の結果，本章では「国際的な要因」と「国内的な要因」に分類する。国際社会における政治大国，中堅国，小規模国は，PKO参加に対してそれぞれの国際的な要因がある一方，特定の国家にとっては

国内的要因が強い。さらに国際的要因に関しても一般的外交政策によるものと特定的外交政策によるものがある。国内的要因においては、政治的要因、財政的要因、軍事的要因に分類することができる。

5−2 国際的要因：一般的外交政策として

　ウェインハウス（Wainhouse）は1970年代に「PKOへの参加は自発的な行為であり、たとえ国家がそのPKO参加に対して特別な利益がなくとも、国家は高い次元での一般的な利益を持ち合わせている」[3]と述べている。PKOへの貢献が一般的かつ包括的な外交政策の一環として位置づけられている。ここにおけるPKO政策は、短期的というよりはむしろ長期的な視野をもちながら、計画され実行されていくものである。すなわち長期間継続的にPKOに参加することにより、国連から信頼され、「国際主義国家（internationalist）」としての地位を確立していくことである。しかしその国際主義国家においてもその積極的なPKO政策の背後にはそれぞれの国家の「国益」というものが垣間みえるものである。その国益とは次のように分類され得る。

5−2−1　ミドルパワー（中堅国家）のPKOにおける役割：
　　　　カナダのケース

　多くの「ミドルパワー」と呼ばれる中堅国家は、PKOを彼らの外交政策の中心として位置づけている。たとえばカナダも永年国連PKOに積極的にかかわってきた。カナダにとってのPKOの参加は、国防やNATO（北大西洋条約機構）への参加と同等な安全保障政策の一環である。

　第2次世界大戦の終了後、カナダの主要な政治指導者や政府高官たちは、自国の国際社会における影響力が低下していくことを懸念していった[4]。1947年7月4日、カナダのセント・ローラン国務長官は国会において「国連の成長と強化は、カナダの外交政策における真の意味で基礎的な部分である」と述べている[5]。国際社会における小さな危機的状況が大国間の対立に発展しかね

ないという恐怖により，カナダは武装勢力を平和的な交渉のテーブルにつかせるための国連活動には積極的に関与していったといえる。

　カナダはミドルパワーであり，かつ植民地支配の歴史がないため，PKOのような中立的な外交政策と採るには最適な条件をもちあわせていた。またカナダは隣国の超大国であるアメリカの存在を常に意識し，安全保障体制においては「アメリカの傘下」にあることを認識しながらも，外交においてはアメリカから離れた「独自の」政策を追求していくことも強調していった。このカナダ独自の外交政策の追求は，カナダの国連加盟以来一貫している。たとえば1950年に勃発した朝鮮戦争において，カナダの政策はNATOにおける戦略的利害を考慮したものであった一方，アメリカの国連を反共産主義の砦にするという極端な発想に対しては反対の意を採り続けた[6]。

　実際に，ミドルパワーはPKO派遣においては理想的な存在であると考えられた。PKOの役割は仲介や仲裁に重点を置くことを考慮すれば，大国のもつ脅威的な性格や彼らの植民地支配の経験というものは，PKOを受ける側にとっては懸念材料になりかねなかった。またPKOは準軍事的な活動であり，それゆえ適切な軍事装備，ミッションスキル，兵士の規律，そして高い士気が要求された。そしてそのような条件を小規模国家はもち得ていないことが多いが，多くのミドルパワーは十分に兼ね備えている。よってミドルパワーこそPKOにおいては先導的な立場を取ることが許され，また国際政治の舞台における大国支配の抑制に貢献した。カナダのこのような意図は，北欧諸国，オーストラリア，ニュージーランドのようなミドルパワーであり有数のPKO貢献国によって共有されている。

　カナダの国連PKOへの貢献は突出している。1950年代から70年代にかけてのいわゆる「創設期におけるPKO」に対してカナダはすべてのPKOにその兵を派遣した。1996年の国連PKOの統計によると，その当時累計で44の国連PKOのうち実に33のPKOにその要員を派遣している[7]。その結果，カナダは国連PKOへの最大貢献国としての国際的な名声を勝ち得た。そしてそれはミドルパワーとしての地位や能力を最大限に活用したことに由来する。

5-2-2 中立国家のPKOにおける役割：オーストリアのケース

　ヨーロッパにおけるスウェーデン，フィンランド，オーストリア，そしてアイルランドのような国家は，東西冷戦時代において政治イデオロギー上の中立的な立場を取っていたことによりPKO派遣に対してとりわけ深い関心を示した。たとえばオーストリア政府は，国際政治における自らの永世中立主義が国連PKOに良い影響を与え得ると解釈し，オーストリアのPKO派兵が合憲になるよう憲法を改正したことは注目に値する[8]。

　政治的中立国家は，冷戦中の東西イデオロギーに傾斜している国家よりもPKO派遣をより好意的に受け入れられることが一般的であった。たとえば1960年のコンゴ国連軍（ONUC）の設立において，コンゴ政府はスウェーデンとアイルランドというヨーロッパの2つの中立国家からの国連兵士のみを受け入れた。この背景には，当時のコンゴのような内紛のさなかに超大国や大国の兵士から構成されるPKOを受け入れた場合，その内紛がさらに悪化する恐れがあったからである。また中立国家からみても，国連PKOに積極的な姿勢を示すことを自らの最も重要な外交政策の1つとして位置づけることは大変意義のあることであった。

　オーストリアの国連PKOの参加は，前述のコンゴ国連軍における医療部隊の派遣が最初であった。当時のオーストリアのブルーノ・クレイスキー（Bruno Kreisky）外務大臣の見解によると，オーストリアのコンゴ国連軍の参加は，国際組織においてオーストリアの地位を確固たるものとさせるチャンスを提供したという。彼は，オーストリアのような小規模な中立国家が世界平和や国際安全保障に貢献できることを希望していたと述べている[9]。

　1964年の国連キプロス平和維持隊（UNFICYP）の設立においても，ウ・タント国連事務総長は事前にオーストリアとフィンランド政府にPKO要員の派遣を打診した。これはウ・タント事務総長は，国連キプロス平和維持隊への派遣国は，北大西洋条約機構（NATO）以外の国から選出することを熱望していたからであった。ウ・タントはオーストリア政府に，UNFICYPにおいて700-800の兵力の歩兵部隊の派遣を要請したが，その要請は受け入れられなかった。

なぜならオーストリア憲法が自国の陸軍の海外派兵を認めていなかったからであった。しかしオーストリアは，UNFICYPの活動領域内に病院を設立し，キプロス島においてUNFICYPの複合分野における貢献に寄与した。中立国家として，オーストリアはウ・タント事務総長の期待に応えたといえる[10]。

1965年，オーストリアは「国際兵役法（International Service Law）」を制定し，それによりオーストリアの海外派兵が合法化された。そして国際兵役法制定の7年後の1972年5月3日，ついに283人の兵士から構成されるオーストリア第1国連大隊がUNFICYPに派兵された[11]。

1973年中東において，いわゆる「ヨム・キプル戦争」といわれる第4次中東戦争が勃発し，多数の国連平和維持隊員がUNEF IIにおいて要求された際に，オーストリア政府は国連からの要請を受け入れ，UNFICYPに駐留していたオーストリア隊の一部をUNEF IIの活動場所であるシナイ半島に早急に移動を命じた。さらに1974年10月UNEF IIのオーストリア隊全員が，自国オーストリア出身のクルト・ワルトハイム事務総長からの要請に応えるべく，シリアのゴラン高原に移動した。それは，UNDOFというシリア兵とイスラエル兵の引き離しを行うミッションであった。このようにオーストリアのPKO隊は，わずか2年間のうちに「キプロス島―シナイ半島―ゴラン高原」という長い行程を行うという国連からの要請に応えた。

これらのことにより，オーストリア政府はPKO派遣に常に積極的な関心を示してきた。オーストリアの野心は，小規模中立国家としてそのアイデンティティーを国際舞台に確立することであった。そしてPKOはそのための外交政策として大きな役割を果たしたといえる。

5－2－3　国際社会の安定を目指す超大国のPKO政策：アメリカのケース

東西冷戦時代，国連安全保障理事会の常任理事国のPKO参加は，いくつかのケースを除いて制約されていた。これはPKOといえども常任理事国が直接関与することにより，理事国の中立性が失ってしまう懸念あること，そして常

任理事国のような大国の関与により、大国を巻き込んだ紛争（特に米ソの対決）に発展することへの警戒心から起因するものであった。よって冷戦中の常任理事国のPKOへの貢献は、小国からの派遣要員の航空輸送等に限定されていた。中でもアメリカはとりわけ輸送業務に積極的であり、1970年代までに国連休戦監視機構（UNTSO）、第1次国連緊急隊（UNEF I）、第2次国連緊急隊（UNEF II）、国連レバノン暫定隊（UNIFIL）、国連インド・パキスタン軍事監視団（UNMOGIP）、コンゴ国連軍（ONUC）の輸送業務に従事した。その結果アメリカの占める全PKOにおける財政貢献も顕著であった。たとえば1960年代半ばまでの中東・アフリカにおける全PKO予算1億4,000万ドルのうち、アメリカが実に6,000万ドルを負担していた[12]。よってアメリカは、国連PKO設立初期において、人的貢献はなくとも財政的にはPKOに多大に貢献したといえる。これはアメリカが、中東やアフリカの地域紛争が超大国同士の敵対行為へと発展することを予防するためにPKOが有益であると考えたからである。

　また前章でも述べたように冷戦期における国連PKOは、西側諸国が主導していた傾向にあったために、国連という国際的な共同体の名においての西側諸国主導の平和維持を目指していたとも考えられる。実際に、1960年のコンゴ内戦の際に、ベルギーの当国への介入および実質上の無政府状態を立て直すために、同国の大統領と首相がアメリカのアイゼンハウアー大統領に単独介入と援助を申し出た際に、アイゼンハウアーは国連を通してのみの援助に合意をした。NATO同盟国のベルギーとの関係悪化と、アメリカの介入によるソビエトの動向を懸念したからであった。結果的にONUCは、ベルギー軍の撤退と国内情勢の回復という任務を遂行し、ソ連軍の直接介入を避けることができた。アメリカのPKOに対する多額の財政貢献は、「世界の警察官」として国際安全保障を維持するという広義的な目的だけでなく、ソ連との冷戦状況を悪化させないというアメリカ自身の国益も絡んでいたといえる。そのような意味からも6,000万ドルのPKOへの財政貢献は意義があった。

　1990年代の東西冷戦終了は、超大国がもはやイデオロギーによる理由で紛

争地域に介入する必要がなくなったことを意味した。よって国連安全保障理事会の常任理事国も国連 PKO に積極的に参加をするようになった。たとえば中国，イギリス，ロシア，フランスは国連ナミビア支援グループ（UNTAG）に，そしてアメリカはイラク－クウェート国境に配置される国連イラク・クウェート監視団（UNIKOM）に，ポスト冷戦期の最初の PKO ミッションとして参加を果たした。

　またこの 1990 年代には，政治大国が，より重武装の強制力の強い紛争解決に参加した。これらの多くは人道的危機における「人道的介入」であり，国内の利益というよりは地球規模の秩序や地球規模の世論に応えたものである。たとえばアメリカは，無政府状態のアフリカのソマリアに軍事介入し，フランスも民族紛争で社会が崩壊したルワンダに介入した。また中国を除くすべての国連常任理事国は，政治的・民族的秩序の崩壊に危機に陥った旧ユーゴスラビアの平和復興に積極的に関与した。

　このように冷戦後の大国の PKO に対する視野は広がっていった。これは一般にいう「ヘゲモニー（hegemony）とフリーライダー（free riders）」の理論に適用されよう。政治大国は，ヘゲモニー（覇権）のリーダーとして紛争地域に積極的に介入することにより，物理的・財政的・軍事的負担を強いられる。小規模国家は "free riders"（無銭乗車）としてそのような大国が強いられる負担をせずに国際秩序を享受することができる。アメリカが「世界の警察官」と時折呼ばれる所以である。

　しかし一方で，政治大国とそれ以外の国家における PKO 政策の違いはその貢献規模のみならず，その貢献の「優先順位」にもみられる。前述のようにミドルパワーにおいて PKO 政策は外交政策の中核をなすものであった。しかしアメリカのような大国にとって国連 PKO は，ワシントン・クオータリー誌が述べるように「三流レベルの国益の道具」[13] としてみなしているに過ぎない。

　さらに東西冷戦の崩壊は，イデオロギー対立がなくなったために地域紛争に介入することが容易になったが，また根本的な別の問題が浮き彫りになった。すなわちイデオロギー対立がなくなったのに自ら大国が他の地域の安全保障に

貢献する必要があるのかという素朴な疑問である。冷戦後に宗教・民族紛争といった内乱が多発したが、その問題解決は地球規模においては重要ではなくなったといえる[14]。すなわち大国がPKO派遣に対するモチベーションが低下したということである。

このような論理はひとつの結論に導くことができる。それはポスト冷戦期において大国のPKO政策は「選択的（selective）」になる傾向にあるということである。アメリカのPKO政策も1992-1993年期のPKOへの熱狂期から1993-1994年期への野心下落期へと移行していることが認識される。この背景として、「大統領政策再検討指令13号（PRD-13）」のPKOに対する否定的な見解、1993年2月に公表されたアメリカPKO政策の調査報告書、UNOSOM IIにおける多数に及ぶアメリカ兵士の犠牲とそれによるアメリカ世論のPKOへの支持の低下等があげられる。1994年5月4日、PRD-13は「大統領決定指令（PDD-25）」に取って代わられた。PDD-25におけるアメリカのPKO政策はさらに国益偏重となり、さらに対費用効果を重視するようになった。アメリカのメデレイン・オルブライト（Madeleine K. Albright）国務長官によると、アメリカが今後国連PKOに参加する場合、次の事項を確認することが明記された。

- その国連PKOの介入は、アメリカの国益をもたらすのか。
- 国際安全保障体制に対して真の脅威となりうるのか。
- その国連PKOに明確な目的があり、活動範囲が定義されているのか。
- 停戦協定がすでに締結されているのか。受け入れ当事者達がPKOを受け入れる用意ができているのか。
- 財政的・人的資源がミッションを有効に活用できるのか。
- そのPKOの終了時期が明確に定義されているのか。
- もしアメリカが介入しなければどのようになるのか[15]。

このようにアメリカのPKO政策はより柔軟性を帯び、その国益に従い、国

際的および国内的要因を考慮して決定される。たとえばアメリカの旧ユーゴスラビアにおける国連・NATO の平和ミッション（UNPROFOR, IFOR, SFOR）への参加も背景には，ヨーロッパの安定化とポスト冷戦期における NATO の機能強化にあった。またアメリカの UNMIH への派遣には，ハイチ難民の受け入れを要求する世論への対応の困難さの代償が伺える。

　要約すると，アメリカや大国の PKO 派遣には，小規模国家のそれよりも地球規模の安全や安定が考慮されたが，同時に大国にとっての国益に動かされたといえる。しかし大国の国益は，小規模国家のそれよりほど，目にみえる様な明白なものではなく，直接的な利益ではない。アメリカの PKO 政策においては，それに関する国益の重要性が東西冷戦の終了後により明白に強化されたといえる。

5−2−4　小規模国家の PKO 政策：マレーシアのケース

　小規模国家の PKO 派遣は，大国のそれと比較するとより顕著で重要であると考えられる。PKO による小規模国家の外交政策の重要性は，彼らの外交の特質に起因する。本質的に小規模国家は，大国のような包括的な外交ではなく，特定分野に限定した外交政策を展開することを得意とする。大国にとっての国益は多国間主義に基づくことが多いが，小国にとってのそれはより狭義に考えられ二国間主義を基本とすることも多い。小国における外交は名声や名誉をより重要視する。このようなことを鑑みれば，小規模国家は大国と比較し，PKO 政策により大きなコミットメントを注ぎやすい傾向があることがわかる。

　PKO の平和維持隊（PKF）への参加は，通常戦争に使用するような重武装を必要とするのではないために，小規模国家にとっての PKO 参加は国際安全体制に貢献するうえで理想的な手段である。そして世界における PKO の台頭は，第 3 世界の旧植民地からの完全な独立を果たすことに寄与すると小国にとっては考えられた。そして小規模国家の積極的な PKO 参加の背景には，そのことにより国連のなかでも全加盟国が名を連ねる国連総会の地位を高め，大国支配に対抗したいという思惑がある。さらに PKO のほとんどの活動地域は，

小規模国家と類似するような第3国が多いという，いわゆる同情的な要素も伺える。

多くの小規模国家は，外交においては非同盟（non-alignment）の政策を採り，この事が国連PKOの参加に有利にはたらいた。このことはヨーロッパの中立国家と類似する。かつて冷戦期において非同盟国の一員であったユーゴスラビアのチトー大統領は，今後非同盟諸国が活発な外交を行うには，国家間のさまざまな問題の解決に向けて，国連を中心とした平和的な手段を模索すべきであると主張した(16)。

小規模国家からの伝統的に傑出した国連PKO貢献国にマレーシアがある。マレーシアの東南アジアにおける政治的リーダーシップへの願望は，インドネシアと共に東南アジア諸国連合（ASEAN）や東アジア経済協議体（EAEC）での中心的な役割のなかでも認識される。1990年代半ばにおけるマレーシアの大国の核実験に対する激しい抗議(17)は，国際社会におけるマレーシアへの新たな認識を望む手段でもあった。

マレーシアの国連PKOへの貢献は，徹底した首尾一貫性があり国際社会から高い評価を受けている。たとえばポスト冷戦期の初期に実施された国連PKOのなかでも，大規模で国際社会からの期待も大きかった，国連ナミビア支援グループ（UNTAG），国連カンボジア暫定機構（UNTAC），第2次国連ソマリア活動（UNOSOM II），国連保護隊（UNPROFOR）などのミッションに大規模な要員（平和維持隊）を派遣した。特にUNOSOM IIの派遣で現地の安全状態が悪化した際には，西洋国家が一同に軍事要員の撤退を決定したのに対して，マレーシアは逆に軍事要員を増強したのであった。ここにもマレーシアの国際問題における大国に対する挑戦的な政策を垣間みることができる。

また小規模国家は，PKO参加によって物理的な利益を追求することもできるといわれている。これに関してマレーシアの国連大使は，1994年のPKOの特別委員会で次のように述べている。

先進国は，多くの物資を提供することにより途上国のPKO参加を援助

すべきではある。しかし我々（途上国）は，途上国がPKOを通してハイテク武器を手に入れたりとか，お金を儲けるためにPKOに参加をするといった皮肉的な見方にふけるべきではない[18]。

さらに1994年マレーシアは，旧ユーゴスラビアのセルビアにおける反人道的犯罪に対して国連やいくつかのヨーロッパ諸国の対応が失敗したことに対して厳しく非難した。それゆえマレーシアは，国連安全保障理事会の構成や拒否権の見直しを含めた国連の広範囲の改革を要請した[19]。

このように，マレーシアは国連や大国に対して厳しい姿勢を取り続けている。マレーシアのこのような挑戦は，アジア地域におけるマレーシアの傑出した存在をアピールするものであり，国際社会において小規模国家の地位の確立をアピールするものである。しかし，もしマレーシアが国連PKOを通して国際安全保障体制に寄与していなかったら，このようなアピールは色あせてしまい，効果的なものにはならなかったであろう。PKOは，小国マレーシアが国際舞台において大きな発言権を与える機会を提供したといえよう。

5−3　国際的要因：特定の外交政策として

ここでは，PKO貢献国を特定の外交政策という見地から焦点を当てている。この政策においてPKO貢献国は，特定の外交による特別の国益によってその派遣を動機づけられる。それゆえ派遣先は，その特定の動機に見合ったPKOに限定することもあり得る。すなわちそのような特定の政策が維持されている間は，その国家は「国際主義国家」として評価されよう。

5−3−1　受け入れ国家との共通性

一般的に国連側からみれば，PKO派遣国は中立であることが望ましい。しかし派遣国は，派遣先を選定する際に，派遣国家との言語，宗教，および歴史的な背景における共通性を重要視する傾向がある。たとえばスペインのコスタ

リカ，グアテマラ，ホンジュラス，ニカラグアへ派遣した国連中米監視団（ONUCA）や国連エルサルバドル監視団（ONUSAL）への参加は，スペインの受入国との歴史的あるいは言語的結びつきによる外交政策を反映している。同様にブラジルも，ポルトガル語を使用するアンゴラ（UNAVEM），モザンビーク（ONUMOZ），東ティモール（UNTAET, UNMISET）へのPKO派遣には特別の責任意識を考慮したと考えられる。あるブラジル政府高官も次のように述べている。

> ブラジルは，一種の警戒感をもってPKOに参加をしている。我々は，受入国の明らかな合意を含み，ブラジル人軍隊や監視団の参加をより効果的にせしめると確信する国連ミッションへの参加をより好む[20]。

人口規模でいえばイスラム国家最大であり，また非同盟運動（Non-Aligned Movement : NAM）の議長であった，インドネシアのスハルト大統領は，1995年旧ユーゴスラビアの国連保護隊（UNPROFOR）へのインドネシア軍の参加を決定した。これは当時ボスニアでのムスリム人が残虐な人権侵害の被害を被っているからであった。同様な理由でエジプトもUNPROFORや同じイスラム国家のソマリア（UNOSOM）に大規模な軍隊を派遣した[21]。他方でロシアのUNPROFORへの参加は，バルカン半島におけるスラブ民族の利益を保護する目的と密接に関連している。またフィジー等の小規模キリスト教国家への中東地域のPKOの参加は，彼らの聖地に訪れる機会が得られるという動機も含まれている。

5−3−2　自国の安全保障に関連して

1960年代のコンゴや1990年代のソマリア，旧ユーゴスラビア，カンボジアのように，内乱により国内の政治的・社会的秩序が崩壊した場合，多くのその近隣諸国がその内乱を封じ込め，自国に影響を及ぼさないという目的のために，それぞれの国連PKO（ONUC, UNOSOM, UNPROFOR, UNTAC）に参加した。

またエジプト，エルサルバドル，ギリシャ，イスラエル，ヨルダン，ナミビア，韓国，ジンバブエは，過去において自国の紛争によりPKOを受け入れているという恩恵を被っており，そのためにその「代償」としてPKOの貢献国として現在は名乗りを上げている(22)。

5－3－3　大国の「裏庭地域」の安全保障のために

　東西冷戦の終了は，国際安全保障体制に１つの現象をもたらした。それは超大国の衛星国家や大国の旧植民地国家のなかには，大国からの圧力から解放され国内の政治秩序が崩壊し内戦状態に陥る国家が現れた。その結果，大国の「裏庭」の安全保障が脅かされたのであった。そのような場合，大国はその近隣の小国からの合意を取りつけ，さらにそれらの軍隊と共にその内戦に介入した。たとえば1993年アメリカは，バルバドスやトリニダード・トバコのような中央アメリカ諸国の軍隊を引き入れ，当時軍事クーデターとそれに続く非民主政権の支配が続いていたハイチに多国籍軍（MNF）と国連ハイチ・ミッション（UNMIH）に派兵した。ロシアのアブカジアやタジキスタンへの軍事介入もこれに属するが，このミッションがPKOであるかは意見が分かれるところである。地域大国における「裏庭介入」も国連外のPKOで行われることが多い。たとえばスリランカにおけるインドのPKO（1987-1990），ナイジェリアやその周辺国家によるリベリアへの西アフリカ諸国平和維持軍（ECOMOG：1990-），1994年オーストラリア軍主導のパプアニューギニアのボーギャンビルへの介入があげられる。

5－3－4　ロシアから独立した外交政策を目指して：東欧諸国
　　　　　　ポーランドのケース

　東西冷戦中において東欧諸国の外交政策はソ連に追従することが要求された。この時期のPKOに関していえば，ソ連は消極的というよりは，むしろ後ろ向きの政策をとっていた。ソ連は，冷戦時代においては国連休戦監視機構（UNTSO）に１名の軍事監視団を派遣したのみであった。さらにソ連はコンゴ

国連軍（ONUC）や国連レバノン暫定軍（UNIFIL）に対する拠出金の支払いを拒み，その経費は受入国側で支払うべきであると主張した。ソ連の衛星国である東欧諸国もソ連のPKOに対する否定的な政策に従うことを余儀なくされた。

しかしながら東西冷戦の終了により，東欧諸国はロシアから政治経済において独立した政策を追求することが可能になり，その独自性が求められるようになった。その東欧諸国のなかでもポーランドはこのような変化に対して最も敏感に対応するような国民性をもち合わせていた国家である。ポーランドは，冷戦期でさえも後方任務であったが，エジプトのシナイ半島の第2次国連緊急隊（UNEF II）やゴラン高原の国連兵力引き離し監視隊（UNDOF）に自らの兵士を派遣していた。東西冷戦後は，ポーランドはいち早く西側諸国の軍事同盟の筆頭であるNATOの加盟を果たした。1997年2月2日同国は，NATOの主導でPKOを含めた共同軍事訓練のプログラムを行う安全保障の枠組み「平和のためのパートナーシップ」（Partnership for Peace）に参加した。

ポーランドのPKOへの貢献は，数名の軍事監視団からはじまり，その後土木部隊のような後方援助，そして数百名で構成されるPKO本隊業務である平和維持隊へと着実に発展していった。冷戦後におけるポーランドの国連PKOへの参加頻度や規模は，伝統的な国連PKO派遣国であるカナダやスウェーデンにも匹敵する。同国は，国連PKOのみならず，NATOが運営し旧ユーゴスラビアのボスニアで展開されている平和履行軍（IFOR）や平和安定軍（SFOR）にも積極的に参加している。

5－3－5　国連安全保障理事会の常任理事国入りを視野に入れて：ドイツのケース

安全保障理事会の常任理事国入りを希望する国連加盟国にとって，国連が運営するPKOに積極的に関与することは最低条件である。過去において実際にその候補となっていた国々（ブラジル，ドイツ，インド，インドネシア，日本，ナイジェリア等）は，現在PKO参加に意欲的になっている。

この件に関してドイツのケースに当てはめてみると，1992年9月23日国連

総会においてキンケル外相が初めてドイツの安全保障理事会の常任理事国入りについて言及した。キンケルは,「ドイツは現在においてその可能性について率先して行動しないが,同理事会の構成における改正が行われる場合には自ら意見を主張する」と言及した。9カ月後1993年7月,ドイツ政府は国連事務総長の公な質問に答え,ドイツは将来常任理事国としての責任を果たす用意ができていると宣言した[23]。この9カ月の間にドイツ政府は,具体的な行動により,より積極的なPKO政策への転換していった。1993年4月ドイツ政府は,国連安全保障理事会で権限を受けたボスニア・ヘルツェゴビナにおける平和執行部隊を援助することを決定した。また同月,国連憲章第7章をもとにした第2次国連ソマリア活動(UNOSOM II)において1,640人からなる輸送・後方部隊を派遣した[24]。「国連憲章6章半」の活動といわれている平和維持活動(PKO)のみならず,「国連憲章7章」に基づく平和執行部隊にも参加するドイツの近年における国際紛争に関する対応は注目に値する。

このようにドイツ政府は,あらゆるタイプのPKOに対応することによって,ドイツの政治的意思あるいは軍事能力を誇示したといえる。これは国連常任理事国の常任理事国入りを目指したキャンペーンの一環であると考えられる。

5-3-6 特定地域に関する利害と安全保障の責任感から

PKO貢献国のなかには,その貢献の理由を,特定地域に対する特別の利害や安全保障を維持する責任感とする国家がある。たとえば治安情勢不安定な中東地域の政治情勢が悪化は,その地域の石油を代表するような天然資源に自国経済を依存する国家にとって深刻な関心事である。その地域に利害が絡んでいる国家は,もしその地域にPKOの必要性が高まった場合,他の国家よりも迅速にPKO派遣の調整を行うであろう。たとえばアメリカは,中東地域において,1948年第1次中東戦争後に設立された国連休戦監視機構(UNTSO)に参加を決定し,1982年エジプトのシナイ半島に駐留していた第2次国連緊急隊(UNEF II)の撤退にともない,多国籍軍監視団(MFO)の設立に積極的に貢献した。

PKO派遣国のなかには，自国にとっての介入国内の政治的思惑をもちながらPKOの要員を派遣しているところもある。たとえば1960年代において，多くの非同盟諸国がコンゴ国連軍（ONUC）に参加したが，その多くは国連PKOとしての中立性は保ちながらも，コンゴ内のカタンガ州の分離独立を反対するルマンバ（Lumumba）首相の支持派に同情をしていた[25]。

また政治大国が，自国が過去において関与した国家や地域の紛争に対しての一種の責任感をもってPKOに参加するケースもみられる。たとえばイギリスは，キプロス島における元宗主国という立場から，1964年国連キプロス平和維持隊（UNFICYP）の設立に主導的な貢献をした。同様な理由でフランスも，レバノン南部，カンボジア，ルワンダにおける国連PKO（それぞれUNIFIL, UNTAC, UNAMIR）に自国の兵士を派遣した。中国もアジアの安定化という目的のためにカンボジアの国連PKOに初めて400名の平和維持隊と46名の軍事監視団を派遣した。

5-3-7　自国から就任している国連事務総長を支持するために

このケースは明快で理解しやすい項目である。国連PKOの設立初期においてスウェーデンの熱心なPKO参加は，自国出身のハマショールド国連事務総長の存在により促進されたといえる。実際に，スウェーデンはコンゴ国連軍において，アイルランドと共に数少ないヨーロッパ出身の貢献国として自国兵を派遣した。以下のないようなスウェーデン政府発行の刊行書に記されている。

> スウェーデンのコンゴにおける深い関与の一因は，国連事務総長としてのダグ・ハマショールドの立場とソ連から向けられた彼に対する非難によって，国内で共産党以外のすべての政党から同情やPKO派遣に対する支持を生み出したからである[26]。

またオーストリアが，1971年に国連キプロス平和維持隊（UNFICYP）にPKO兵士の派兵要請を受け入れた際にも，次のような背景が記述されている。

この派兵の決定は，1972年1月からオーストリア人のクルト・ワルトハイム（Kurt Waldheim）が国連事務総長に就任することと無縁ではないであろう。自国出身の国連事務総長からの要請を拒絶するのはほぼ不可能であり，（PKO派兵を合法化してから）7年間そのために訓練してきた陸軍大隊を派遣しないことも同様に不可能なことであった[27]。

ビルマ（現ミャンマー）の初期のPKO貢献はレバノン国連監視団（UNOGIL）に限られていたが，1961年，自国からウ・タント（U Thant）が国連事務総長に就任してからビルマは，コンゴ国連軍（ONUC），国連インド・パキスタン監視団（UNIPOM），国連休戦監視機構（UNTSO）へと派兵を決定した[28]。同様に，1980年代に国連がペルー人のペレス・デクレアル（Perez de Culler）事務総長によって運営されていたときに，ペルーは国連イラン・イラク監視団（UNIMOG）と国連ナミビア独立支援グループ（UNTAG）に軍事監視団を派遣した[29]。

5－3－8　近隣国とのライバル意識から

本章冒頭の図表5－1に示されているように，2010年11月30日現在の国連PKOへの人員参加数に関する国連加盟国別のランキングのうち，上位3カ国のパキスタン（10,661人），バングラディシュ（10,452人），インド（8,711人）は共に南アジアの近隣国である。これらの国家ではPKOにおいて主要な役割を果たすという願望のほかに，近隣諸国とのPKO派遣における競争意識が明らかに存在すると考えられる[30]。フランスの近年のPKOに対する積極的な貢献は，おそらくアメリカやイギリスとのライバル意識によるものである。アメリカのヨーロッパの安全保障に対する介入に対して肯定的な見解を示していないフランスは，自らヨーロッパにおけるPKO（ボスニア等）に積極的に参加をしている。イギリスとのライバル関係も，同じヨーロッパ代表の国連安全保障理事会の常任理事国という見地からも明らかである。また韓国も近年国連PKOへの要員派遣に積極的であるが，これは国連ミッションに参加すること

により地域大国としての台頭する野心のみならず，同地域の大国である日本をライバルとして考えた政策でもあると考えられる[31]。

5－4　国内的要因

　PKO派遣は，国際主義者たちにとってのみの政策ではない。PKOは，国内のさまざまな要因に関係して，その派遣が決定される。国内主義者達がPKO貢献から期待するその効力は，国際主義者たちのそれと比較し，より直接的であり，より明白なものである。実際には次のような要因が考えられる。

5－4－1　政治的要因

　一般的に，PKO派遣国の国民は，自国のPKOを通しての国際平和への貢献に対して前向きなイメージをもつことは，政府やメディア主催の世論調査の結果からも明らかである。たとえば1993年5月日本のNHKが行った世論調査によると，全体の78.4%の回答者が，「日本の自衛隊は，PKO活動に参加すべきである」と答えている。そのような国民の支持が，日本政府与党により活発なPKO派遣の決定を促したといっても過言ではない。そうすることにより，彼らは国民からさらに大きな人気や支持を得られることが期待できる。このNHKの世論調査が発表された時期を前後として，日本は国連カンボジア暫定機構（UNTAC），国連モザンビーク活動（ONUMOZ），国連ルワンダ支援団（UNAMIR）に自衛隊を派遣した。

　この点においてカナダでは，1963年「PKOの生みの親」といわれているレスター・ピアソン（Lester Pearson）がその功績が認められてノーベル平和賞を受賞した際には，国民によるPKOに対する熱狂的な支持は最高潮に達した。カナダ政府与党においても一貫して前向きなPKO政策を維持することは，国民支持を持続するうえでも重要なことである。

　一方，PKOへの参加は，国内政治情勢を安定化させることを目的とされる場合もある。たとえば1990年代におけるロシアのエリツィン大統領のPKO

政策の背景には，国内野党への圧力と，与党からの外交における新政策提示要求への回答があったとされている(32)。

5－4－2　財政的要因

　国連 PKO を財政面からみた場合に特筆すべき点として，国連から PKO 要員に対する給与の支払いはその任務によってまったく平等に支払われるということである。すなわち派遣国で使用されている通貨の相対的価値やインフレ率等の国内経済状況や，派遣国軍隊の PKO 活動で使用される軍備施設の品質や軍人の給与水準等は考慮されず，一律定額で米ドルで支払われる。それゆえ国連 PKO への参加は，とりわけ発展途上国や小国にとっては，大きな財政的な利益をもたらすこともあり得る。

　1990 年に実施された PKO 派遣国を対象とした調査によると，平和維持隊員 1 人が 1 カ月の任務に必要とする費用は平均で約 2,300 ドルであった。しかしこの費用は派遣国によって相当の格差があり，派遣国中の最低額は月 280 ドルであり，最高額で月 4,400 ドルにものぼる。よって派遣国にとっては国連から支払われる手当の額が，実際にかかる費用より 3.5 倍であったり，また国によっては 4 分の 1 であったりする(33)。さらに活動の報酬として支給される手当ての通貨は米ドルであるために，PKO は貿易が盛んでない小国にとっては貴重な外貨収入源である。

　また財政面に関してまったく異なった見方として，PKO は通常戦争や単独の軍事介入と比較して低コストで済む活動であることが指摘される。そして国連 PKO の費用は，国連加盟国によって拠出される。よって大国は，紛争地域に対して単独での軍事介入よりも国連 PKO の一員として参加することを好むことが多い。1990 年代初頭のロシアにおいてその傾向は顕著にみられ，当時のエリツィン大統領もロシアの国連 PKO の参加は自国の国際社会における名声を高めるのと同時にロシア側の財政的負担が小額で済むことを強調した(34)。

5−4−3 軍事的要因

　PKO に参加することにより自国の軍隊の活性化につながることは，国家にとって PKO 参加に対する大きな動機づけになる。

　とりわけ発展途上国にとり国連 PKO の参加が魅力的である大きな理由として，そのことにより国連の経費で人員および軍備等における自国軍隊の規模を拡大させることが可能だということである。近い将来戦闘行為にかかわる可能性のある国家にとって，国連 PKO に派遣される軍人は一種の「待機軍」の機能を果たすと考えられている。カシミール地方の利権を巡り，長期的に対立を続けているインドやパキスタン，さらには IRA によるテロリズムとの抗争の可能性を視野に入れているアイルランドが常に国連 PKO に積極的である理由がここにあると考えられる。

　また国連 PKO での実践での経験は，その後通常戦争における活動そのものにおいても有益であると考えられる。この点に関してマレーシアを例に取ることができる。マレーシアは 1950 年代から 1980 年代にかけて対共産ゲリラとの戦いによって，その空軍は常に質の高い活動を要求されてきた。マレーシア空軍はこの経験を生かし，ボスニアでの平和執行活動におけるセルビアへの空爆において多大な貢献を果たした。そしてこのボスニアでのマレーシア空軍の経験は，さらにマレーシア軍全体の活性化と質の向上につながったといわれている[35]。

　冷戦の終結とそれにともなう共産主義国の民主主義国家への移行により，国家における軍隊はその存在意義やアイデンティティーについて見直すこととなった。国連 PKO はそのような見地から，各国軍隊をある一定の規模を維持させて存続させるための重要な正当性を提供するものとなった。PKO に参加することにより，軍体内において高い次元の職業意識や士気を維持することができる点も特筆に価する。たとえば憲法上の理由により，他国の軍隊と比較して活動範囲が制限されている日本の自衛隊にとって PKO に参加することは，他国軍隊と共にさまざまな実務的経験をすることができ，また高い士気も得られるという。

またPKO派遣が定着するに従い，新兵の採用が容易になったという国家も多々存在する。特に途上国において軍人となりPKOに派遣されることは，外国を訪れる機会が与えられるということでとりわけ人気がある。

5－5　結　論

　本章では，国家は国際平和の維持を目的としてPKOに自発的に貢献していることが認識された。しかしこの自発性は純粋な利他主義によるものではなく，国家が利益を被る，いわゆる国益によって動かされているといえる。その国益とは，国際的な野望であったり，国内における関心事であったりする。よって国家によるPKO政策とは現実主義による部分が大きい。しかし本章では，その現実主義の度合いや形態も国家規模により異なることを認識した。すなわち国際社会において大国ほど国際的要因に影響を受け，小国ほど国内における利益に影響を受けることが結論づけられる。大国におけるPKO政策は，数ある外交政策のなかの1つに過ぎず，PKOの参加により期待できる利益というものは大国間によってさまざまである。小国のPKO参加によって期待する利益はより明確であり，短期的に得られる直接的な利益である。また国家の大小にかかわらず，PKOの参加には，その国家の特定の事情による特定の理由による要因も存在することが認識された。
　このように国家のPKO派遣に関してさまざまな前向きな要因が見受けられた。このような前向きな要因が国家にとって維持する間は，国連PKOもその存在を維持することができよう。

【注】

（1）James A., *Comparative Aspects of Peacekeeping, The Dispatching End? The Receiving End*, a paper written for National Center for Middle East Studies, Cairo and the Jeffee Center for Strategic Studies, Tel Aviv University, 1995,

第 5 章　PKO と貢献国との積極的な関係：現実主義のさまざまな形態　137

p. 1.
(2) たとえば，1993 年 6 月 5 日，UNOSOM II のパキスタン兵士とアイディード将軍率いる武装勢力との銃撃戦の結果多数の国連側の犠牲者を出した。また同年 10 月 3 日，同武装勢力によりアメリカのレインジャー部隊が襲撃され多数のアメリカ兵が犠牲になった。
(3) Wainhouse D. W., *International Peacekeeping at the Crossroad* (Baltimore : The John Hopkins University, 1973).
(4) Livingstone G. A., *Canada's policy and attitudes towards United Nations peacekeeping, 1954-1964, with specific reference to participation in the forces sent to Egypt (1956), the Congo (1960) and Cyprus (1964)*, PhD thesis in the Department of International Relations, the University of Keele, 1995, p. 303.
(5) カナダ国会討論，1947 年 7 月 4 日。
(6) Egerton G., "Lester B. Pearson and Korean War : Dilemmas of Collective Security and International Enforcement in Canadian Foreign Policy, 1950-53", *International Peacekeeping*, Vol. 4, No. 1, Spring 1997, p. 58.
(7) United Nations, *The Blue Helmet : A Review of United Nations Peace-keeping* (New York : United Nations, 1996).
(8) Takai S., "Several States' Attitude towards UN Peacekeeping Operations", *Journal of International Law and Diplomacy* (Tokyo), Vol. 91, No. 4, 1992, pp. 44-63.
(9) Austria Documentation, *In the Service of Peace : 35 years of Austrian participation in UN peace operations*, Vienna, the Federal Press Service, 1995, p. 15.
(10) *Ibid.*, p. 20.
(11) *Ibid.*, pp. 22-26.
(12) Gardner R. N., "The US and the UN : An Appraisal of Our National Interest" in Neadler M. C. (ed.) *Dimension of American Foreign Policy? Reading and Documents* (Princeton : D. Van Nostrand, 1966), p. 348.
(13) Ruggie J. G., "Peacekeeping and US Interests", *The Washington Quarterly*, Autumn 1994, p. 179.

(14) Terriff T. and Keeley J. F., "The United Nations, Conflict Management and Spheres of Interest", *International Peacekeeping*, Vol. 2, No. 4, Winter 1995, p. 515.

(15) Albright M. K. Lake A., and Lieutenant General Clark W., *Executive Summary : The Clinton Administration's Policy on Reforming Multilateral Peace Operations*, 5 May 1994, p. 315.

(16) Vukadinovic R., "Small States and the Policy of Non-Alignment" in Schou A. and Brund A. O. (eds.), *Small States in International Relations* (Stockholm : Almqvist and Wiksell, 1971), p. 103.

(17) Hassan M. J., "Malaysia in 1995", *Asian Survey*, Vol. 36, No. 2, February 1996, p. 128.

(18) 1994年3月30日，ニューヨーク国連本部でのPKO特別委員会におけるラザリ・イズマル（Razali Ismail）国連大使のスピーチより。

(19) Hassan M. J., p. 129.

(20) 1998年ブラジル・イギリス合同PKOセミナーにおける開会演説からの未出版原稿より。

(21) Kane A., "Other new and emerging peacekeepers" in Findlay T. (ed.), *Challenges for the New Peacekeepers* (Solona, Sweden : Stockholm International Peace Research Institute (SIPRI), 1996), p. 118.

(22) Findlay T., "The new peacekeepers and the new peacekeeping" in Findlay T. (ed.), *Challenges for the New Peacekeepers* (Solona, Sweden : Stockholm International Peace Research Institute (SIPRI), 1996), p. 9.

(23) Quoted from *Frankfurther Allgemeine Zeitung*, 2 July 1993.

(24) Erhart H., "Germany" in Findlay T. (ed.), *Challengers for the New Peacekeepers* (Solona, Sweden : Stockholm International Peace Research Institute (SIPRI), 1996), pp. 35-38.

(25) Durch J. W., "The UN Operation in the Congo : 1960-1964" in Durch J. W. (ed.), *The Evolution of UN Peacekeeping* (New York : St. Martin, 1993), p. 325.

(26) Wallensteen P. (ed.), *Sweden at the UN* (Stockholm : Svenska Instituet, 1996), p. 30.

(27) Austria Documentation, *In the Service of Peace : 35 years of Austrian Participation in UN Peace Operations* (Vienna : The Federal Press Service, 1995), p. 25.
(28) United Nations, *The Blue Helmet, The Third Edition*, 1996.
(29) *Ibid.*
(30) Bullion A., "India and UN Peacekeeping Operations", *International Peacekeeping*, Vol. 4, No. 1, Spring 1997, p. 101.
(31) Kane A., p. 106.
(32) Crow S., "Russian Seeks Leadership in Regional Peacekeeping", *International Relations*, Vol. 1, No. 37, 18 September 1992, p. 40.
(33) Durch W. J., "Paying the Tab : Financial Crises" in Durch W. J. (ed.), *The Evolution of UN Peacekeeping* (New York : St. Martin's, 1993), p. 50.
(34) Crow S., p. 40.
(35) Interview with Mattan Kamaruddin, at Malaysian High Commission in London, in April 1998.

第 6 章

日本の PKO 政策：現実主義と理想主義の融合の必要性

6 － 1　導　入

　日本は，1956 年に国連に加盟を果たした。それ以来日本は「国連中心主義」を外交政策の大きな柱として捉えている。日本の最近の国連 PKO への要員派遣に関しては，2010 年 11 月現在ハイチ，ゴラン高原，スーダン，東ティモール等のミッションに計 266 名の派遣となっている。この人数の多さは国連全加盟国中 48 位のランキングにあたる[1]。この日本の 48 位という順位は，国連分担金ではアメリカに次いで世界代位 2 位の財政貢献を鑑みれば，それほど高い順位とはいえない。しかし日本の国連 PKO に対する政策は，日本国憲法第 9 条や集団安全保障の行使の是非等の国内事情により複雑化している。一方で，ポスト冷戦期における国際紛争事情の変化やそれによる国際政治のあり方の変化により，日本の PKO への参加に対しても新たなアプローチが必要となってきている。本章では，1991 年の湾岸戦争と 2001 年のアメリカ同時多発テロが日本の PKO 政策においては「触媒作用」としての機能をもたらしたことを言及する。次に国家の国内法により日本の PKO 参加が現地のオペレーションによってさまざまな問題を抱えていることを説明する。最後に本章では，国連 PKO 貢献による日本の国益に触れ，日本の将来の PKO 政策においていくつかの提案を紹介する。

6-2 日本の PKO 政策の起源

　戦後の国際社会における日本の軍事的役割について最初に国内論争を繰り広げたのは1990年のイラクのクウェート侵略の際であった。その当時アメリカのブッシュ（父）大統領は、日本の海部首相にペルシャ湾への掃海艇の派遣や戦争への後方支援を要請した。しかし海部首相は憲法を主な理由としてその要請を受け入れることができなかった。その後1991年1月にアメリカ主導の同盟軍がイラクに対して宣戦し湾岸戦争がはじまった際にも、日本の戦争不参加という「無血主義」は、国際社会から大きな批判を受けることとなった。特にアメリカの日本への批判は痛烈であった。アメリカのジェイムス・ベーカー（James Baker）元国務長官は、1991年11月日本に招かれた際に「日本の小切手外交は視野が狭すぎる」と指摘した[2]。

　日本でも国際情勢におけるさらに幅広い役割への期待感が世論として広がっていた。1991年の外務省による外交青書においては、日本の軍事的貢献が今後不可欠であると明言された。日本は、地球規模の問題に対して単なる財政援助をするのみではなく、国際平和や安全の維持のためにもっと積極的な役割を果たすべきであるという意見が日本の政界や世論のなかで強く主張されるようになった。その当時、国連平和維持活動（PKO）の数は、ポスト冷戦期における国内紛争の勃発によって急増していた。それゆえ、通常戦争や多国籍軍とは異なり、「合意」「中立」「最小限の武装」を基本原則とする国連 PKO は、日本の自衛隊が国際社会に初めて参加する活動としては、理想的なものであると考えられた。日本の宮澤喜一首相も、日本の国際貢献は、気前よくお金を分け与えるのではなく、国連 PKO への参加等によりもっと「汗をかくべき」であると主張した[3]。

　この国際貢献肯定への傾向は、世論調査の結果によっても顕著に表れた。1988年読売新聞で実施された世論調査では、「自衛隊は PKO に参加すべきである」と答えた回答は22.5%に過ぎなかったが、湾岸戦争後の1992年4月に

実施された同様の質問では，この回答は 67.8% に上昇している(4)。

　1991 年 6 月 6 日，与党である自由民主党は，小沢一郎幹事長を中心とした「国際社会における日本の役割についての特別勉強会」いわゆる「小沢委員会」を立ち上げた。当委員会は，日本国憲法の前文において「平和を愛する世界の人々の公正と信義に信頼して，我らの安全と生存を保持する」という内容に注目した。よって自衛隊が国連憲章 42 条及び 43 条に基づいて国連軍に派遣されることは合憲であると当委員会は主張したのである。また当委員会は，1991 年の湾岸戦争のような多国籍軍においても，国連安全保障理事会の承認があれば，日本は後方援助が可能であると主張した。アメリカのマイケル・アマコスト（Michael Armacost）駐日大使は，「日本が目指す PKO の新組織は，カンボジアに派遣できるかどうかが試金石だろう」と語っていた(5)。「国際平和協力法案」いわゆる「PKO 法案」が，1991 年 9 月国会に提出された。この法案には日本の要員が国連 PKO に派遣するにあたっての「PKO 参加 5 原則」が盛り込まれた。それらは以下の通りである。

① 紛争当事者の間での停戦合意が成立
② 受け入れ国を含む紛争当事者の同意
③ 中立的立場の厳守
④ 以上の条件が満たされない場合は撤収可能
⑤ 武器使用は要員の生命防護など必要最小限に限る

　野党である社民党や公明党は，日本の PKO 参加に際しては自衛隊以外の別組織が必要であると主張した。民社党や共産党は，自衛隊の PKO 派兵は違憲であるとして PKO 法案には反対した。また与党のなかにも PKO 法案に対して懸念を示すものも存在した。

　自衛隊以外の別組織を設立するという案は無意味であることは明白であった。PKO の軍事部門に参加する組織は，国際的に公認された国家の軍隊であり，日本では自衛隊以外には考えられないことであった。重要なことは「誰が日本

の要員としてPKOに派遣されるのか」ではなく「日本の要員はPKOという活動のなかで国際平和に向けて何ができるか」である。しかしこの単純な問題が見失われていた。自衛隊に国連PKOに参加させることは，自衛隊自身に国際的な視野を広げる重要な機会を提供することになる。これは国内においても自衛隊の存在を高めるのみならず，海外においても自衛隊のイメージを向上させ，一層自衛隊の透明感が高まるはずである。

1992年6月「PKO法案」は与野党間における激しい論争の後，ついに国会で承認された。こうして新しい「国際平和協力法（PKO法）」は，その後の自衛隊のすべての国連による平和活動に参加を認める法的根拠となった。この論争は，日本が国際平和と安全のために，「物理的に」どのような貢献ができるかについて，国家においても世論においても初めて真剣に話し合った機会であることは大変意義深い。

それでは，どうして日本は，湾岸戦争後にこのような「親PKO主義」に変わっていったのであろうか。理想主義的な見方としては，前述したように日本国民を含めた日本全体が，PKOに対して財政的援助のみならず人的貢献の必要性を認識したからである。これは日本が国際社会の一員で，国連の加盟国であるのだから，国連が主導する紛争解決手段であるPKOに要員を当然派遣すべきであるという考え方である。これは，日本が憲法に縛られない「普通の国」として国際貢献を果たしていくべきという考え方である。また湾岸戦争の後にクウェート政府がアメリカの大手の新聞に，湾岸戦争に貢献した国家に対する謝辞を掲載したが，その国家のなかに財政貢献をしたのみの日本は含まれていなかったことに日本政府は大きな教訓を得た。すなわち人的貢献をしてこそ国際社会はその国家に尊敬の念を抱くのではないかと日本政府は痛感したのである。またポスト冷戦期の国際社会において，国内紛争の多発にともない国連PKOの数も増加し，今後需要も増大していくと予想されるなかで，日本もその国際社会の要望にこたえるべくPKO要員の派遣を希望したことも大いに考えられる。事実1993年2月ブトロス・ガリ（Boutros-Ghali）国連事務総長が日本を訪問した際に，日本の積極的なPKO政策を称賛し，憲法で可能な範囲

での日本要員のさらなる活躍を期待する陳述を残した(6)。また日本の新たな「親 PKO 主義」は，日本の同様な歴史的経験をもつドイツの PKO 政策にも刺激を受けた。ドイツは国連 PKO を含む国際紛争，および地域紛争に対する紛争解決に積極的に参加するために，実に 50 回以上も自国の憲法を改正し続けてきたのであった(7)。日本もドイツも第 2 次大戦後は民主国家の代表といえるような国家に成長した現在であるからこそ，非民主的な政治形態により紛争状況に巻き込まれている国家や地域に対して自ら手を差し伸べなければならないという，両国の一種の「責任感」もうかがえる。

　日本の「親 PKO 政策」はまた現実主義的な見地からも説明ができる。湾岸戦争後，日本は世界において「政治大国」になる必要性を実感し，よって国連安全保障理事会の常任理事国入りをさらに強く希望するようになったのである。湾岸戦争当時，橋本龍太郎大蔵大臣（後の首相）は，日本が常任理事国ではなかったために戦況に対する詳細な情報が国内に入らず日本政府が焦燥感に包まれたとコメントを残している(8)。日本政府は，国連 PKO に参加することが常任理事国入りのために最低条件であると考えた。そして日本のいくつかの PKO 参加は，この常任理事国入りの問題のために外務省が強く希望した結果であるといわれている。たとえば 1994 年モザンビークで展開していた PKO である国連モザンビーク活動（ONUMOZ）に日本の自衛隊が任務を終了した際に，日本が今後国連 PKO に参加する計画が白紙になってしまったことがあった。しかし外務省は，日本の国連 PKO への参加に「ブランク」の状態ができることを懸念し，わずか 1 週間の国連エルサルバドル監視団（ONUSAL）への自衛隊の参加（選挙監視員）を決定した。日本自衛隊が，ゴラン高原の国連兵力引き離し監視団（UNDOF）に派遣された経緯も同様であった。1994 年 7 月アメリカ上院議会は，日本が国内憲法に制限されることなく国連 PKO に対してあらゆる任務に積極的に貢献しなければ，日本の常任理事国入りを支持しないという法案が成立した(9)。明石康 UNTAC 事務総長特別代表も「もし日本が国連安保理の常任理事国という地位を希望するのであれば，それにともなう新たな責任をともない行動すべきである。なぜなら安全保障理事会とは世界

の平和と安全の維持のための責任を司るところだからである」と述べている[10]。

6-3 日本人要員のPKO参加による実務的な問題：現実主義政策の限界

　日本人要員の国連PKOの参加は年を追うごとに次第に進化していった。1992年のPKO法の制定の直後の同年9月にカンボジアPKO（UNTAC）に参加し，1992年12月にはモザンビーク（ONUMOZ），1994年にはルワンダミッション（UNAMIR）の一環としてザイールとタンザニアに派遣された。またゴラン高原（UNDOF）には1996年1月より，また東ティモール（UNTAET, UNMISET, UNMIT）には2002年3月より現在に至るまで日本人要員が派遣されている。カンボジアのUNTACにおいては本部要員は派遣されなかったが，モザンビークのONUMOZでは5名の自衛隊員が本部要員として任命された。日本は，ルワンダのUNAMIRには，国際人道援助団体として自衛隊をザイールとボナに派遣をした。イスラエルとシリア軍の兵力の引き離しを監視するUNDOFには，輸送部隊として自衛隊が派遣された。これは中東という国際政治上最も緊張度の高い地域での派遣である。2002年の東ティモールへ派遣された690人という自衛隊の規模は，UNTACを凌ぐ最大規模の自衛隊の派遣であった。

　しかしながら自衛隊によるこれらのPKOへの参加の結果，いくつかの実務的な問題が生じた。それらの問題の多くは，現行のPKO法の原因による活動範囲の制限によるものであった。たとえばカンボジアのUNTACでは，日本の自衛隊が任務に参加中している間，武装勢力のひとつであるクメール・ルージュが武装解除を拒否し休戦協定を無視するようになった。これは明らかに日本人要員のPKO参加に関する5原則の違反であった。このときに日本政府は，自衛隊をUNTACから撤退させることをしなかった。すなわちPKO参加5原則は一貫して遵守されなかったといえる。自衛隊をカンボジアにとどまらせ

るという政府の決断は，野党から厳しく批判を受けた。またアメリカのワシントンポストの記事によると，UNTACにおいて最初の日本人文民警察官が殉職した際に，少なくとも6人の別のUNTACに従事している日本人文民警察官が，現況が参加5原則に違反していると主張して任務を放棄して，隣国のタイに逃げてしまった。他方1993年4月30日にコロンビアの文民警察官が，強盗により狙撃され殉職した際には，コロンビア隊の146名の文民警察官のなかで職場放棄をしたものは誰もいなかったという(11)。日本人要員が国内法である参加5原則に強く遵守すること，すなわちここでは緊急事態において危険な地域から撤退することは，国連PKOの現場では愛国主義というよりはむしろ自己中心主義であるとみなされる。UNTACにおいては事務総長特別代表であり，後にボスニアの国連保護隊（UNPROFOR）においても同職の地位に就いた明石康もUNTACの当時を振り返り次のように述べている。

　　UNTACにおいて，日本人スタッフが亡くなったときに，もし日本がカンボジアから撤退していたら，日本はあざけ笑われていたであろう。日本の国民や政治家たちは，たとえばUNPROFORでは，フランスでは50名，そしてイギリスでは30名の要員が活動中に犠牲になっても，フランス部隊やイギリス部隊は，それぞれの任務を全うしたということを知っていたであろうか(12)。

PKO参加5原則による任務が制限された別の例としてルワンダのUNAMIRのミッションがあげられる。そのミッションにおいて日本の自衛隊は，ルワンダではなく隣国のザイールやタンザニアに派遣された。その理由は，ルワンダではその当時休戦協定が締結されていなかったために，その国に自衛隊が派遣されることは参加5原則に反しているからであった。しかもUNAMIRにおける自衛隊の参加は，自発的なボランティアのミッションであった。いい換えれば国連PKOからの正式な任命は受けていなかったのである。つまり国連からの安全の保障も受けなかったのであって，万が一自衛隊のなか

に犠牲者が出たとしても国連からの保障はなかった。実際にザイールやタンザニアで自衛隊の犠牲者が出なかったことは幸運であったといえる。また自衛隊は，ザイールとタンザニアでは難民キャンプでの人道援助を行ったが，そのキャンプには1994年のルワンダの大虐殺を実行したフツ族の戦犯が多数潜んでいた。このような安全保障上極めて危険な所に，自衛隊はわずか銃1本で派遣されていた。軽武装の方が「平和憲法」や「PKO法」の精神に適しているからだというのである。この件に関しては派遣時に重武装を希望した防衛庁と軽武装を要求した外務省で大きな論争になったという[13]。また派遣期間がわずか3カ月間であった。3カ月間だけでも「PKO実績」を残したいという願望が日本政府にあったのかは不明であるが，この3カ月間でどれほどに効果があったのかについても一部で疑問視された[14]。

　また「最小限の武力行使」の原則に関しても，日本のPKO法と国連における解釈が異なっていた。日本のPKO法による「最小限の武力行使」は，自衛のための武力の行使に限っていたが，国連PKOによる解釈は，自衛のみならずPKO兵士の任務の遂行を妨げるものを除外するための武力行使も「最小限の武力行使」に含まれていたのである。よって日本の自衛隊が活動中において，武力行使に関して他国の部隊に対してイニシアティブがとれるかに関しては大いに疑問が残った[15]。PKO活動中に発生するかもしれぬ緊急事態において問題はさらに深刻である。たとえば，もし他国の派遣部隊が，日本の自衛隊の前で武装勢力に攻撃を受けた際にも，自衛隊はPKO法という国内法に従い，その外国部隊の救出のために援護射撃をすることすらできないのである。実際にUNAMIRにおいて，日本の自衛隊は行方不明になった他国のPKO要員の捜索要請を，国内法を理由に拒んだために大きな批判を受けた。同様にカンボジアのUNTACでは，日本の文民警察官のみが，総選挙運動を妨害する者たちを逮捕することができなかった[16]。またUNTACでは，総選挙の投票日が近づくにつれて，日本に自衛隊のエンジニア（工兵）部隊が，パトロール業務や選挙監視業務といったPKOの本隊業務も「非公式」ではあるが兼ねるようになった[17]。

東ティモールのPKO（UNTAETおよびUNMISET）における自衛隊の派遣も以前のミッションと同様に建設，および輸送を担当する後方業務であった。日本の工兵大隊は，カバリマ，ボボナロ，オエクシといった西ティモールに近接した地域で活動し，10人の日本人要員が首都ディリの本部で任務に当たった。東ティモールの自衛隊の業務は，幹線道路および橋の修復であった。自衛隊のこのような工事処理の技術や士気の高さは高い評判を獲得し地域の人々から大きな信頼を得た。しかし東ティモールの自衛隊もUNTACやUNDOFと同様な問題を抱えた。東ティモールのPKO任務において日本人要員が派遣された西ティモールとの国境付近は，安全保障上不安定な地域であったにもかかわらず，自衛隊委員のほとんどは非武装であった。彼らの安全は外国人部隊に依存していたのである。地元のあるNGOも，武装勢力との交戦もありうる国境付近で日本の自衛隊が戦闘の準備ができていないこと，さらに日本の自衛隊の任務が地元の人々の雇用を奪っているようにも思えることを指摘した[18]。また東ティモールの活動家のなかには，日本の自衛隊の東ティモールでの活動を機に，第2次世界大戦中の日本軍の東ティモールの占領や24年間にわたる日本政府の東ティモールでの反人道的犯罪を軽視したかのようなインドネシアとの親密な外交政策に対して，謝罪を求めるものも存在した。東ティモールのケースでは法律のみならず歴史や外交も絡んだ問題となった。

　このように現行の国内法によって日本人要員のPKO派遣にはさまざまな問題が提示された。国連PKOにおいて派遣国は，共通の規則のもとにお互いが協力し合って任務を遂行することが要求され，日本も例外ではない。日本人要員は，国内法によって各自の活動範囲が狭められることにより大きな不都合や要員間における屈辱感さえが生じている。国連PKOの本隊業務は，典型的な軍事活動ではないが，軍人のみが遂行されうるものである。また国連PKOでは，各状況に応じたに即興的な活動が要求され，その活動は日本のPKO法で認められた活動範囲を超えることもありうることも日本政府は認識すべきである。日本のPKO政策は，あくまでも視点を国内にみた，いわば国益中心の現実主義に基づいた政策のように思える。ここに現実主義を重点に起きすぎた

6 − 4　現在の日本の PKO 政策

6 − 4 − 1　9.11 テロ後の日本の国連 PKO への対応

　2001 年 9 月 11 日アメリカで起きた同時多発テロは，その後の国際安全保障体制に大きな影響を及ぼした。同時多発テロの翌日国連安全保障理事会は，このようなテロリスト犯罪の主犯者や支援者に対して制裁を加えるために緊急的に国際社会が共に行動することを要求した決議 1368 を満場一致で可決した。同年 9 月 28 日に同じく満場一致で採択された決議 1373 では，テロリスト行動の資本流入の遮断，より効果的な国境管理，テロリストネットワークに関する一層の国家間の情報交換の模索等，新たな国連加盟国の対テロリスト対策の詳細が確認された。このような安保理決議の採択は，必然的に日本の国際安全保障政策，そして PKO 等の国際紛争解決における対応政策に関しても見直しを要求するものであった。

　この時期の日本の PKO 政策に関しては，2001 年 9 月日本政府は東ティモールの国連 PKO である国連東ティモール暫定統治機構 (UNTAET) への自衛隊の派遣の可能性について検討していた。1992 年の PKO 法の制定以来日本の PKO 活動は後方任務に限られていたが，このアメリカ同時多発テロの事件以来，このような任務の制限について見直しをすべきではないかという意見が政府間でも出されるようになった。この任務の拡大によってアフガニスタンやその周辺国家への安全保障への貢献が模索されうるからである。たとえば国連高等難民弁務官事務所 (UNHCR) のパキスタン事務所長は，日本の自衛隊がアフガニスタンの対テロ戦争において掃海艇の提供を希望すると言及した[19]。また UNDOF の参加を経験した日本の数人の自衛隊員から，UNDOF の活動中に現行の PKO 法による活動の制限によって，他国からの派遣隊員との間での協力体制に不都合が生じたという報告書が提出された。また国連の PKO 局長より日本の PKO 法の改正を望む発言がなされた。国連 PKO は，それぞれ

の派遣国間での協力体制が必要であり，一部の派遣国の厳格な規則はPKO活動中における柔軟的な判断を損ないかねないということが強調されたのである[20]。

　日本国民も，現在の国際紛争状況のニーズに合わせた自衛隊の派遣の必要性を認識するようになってきた。2001年に実施された世論調査では，44%の回答者が，「国連PKOにおける自衛隊の活動範囲が後方支援を超えるべきである」と答え，「超えるべきでない」と答えた27%の回答者を上回った。また「自衛隊にとって，最も重要な課題は何だと思いますか」という質問に対しては，47%の回答者が「対テロ対策に対する能力の強化である」と答えた[21]。

　PKO法における「PKO参加5原則」もまたアメリカ同時多発テロ以降に再検討された。たとえば5原則のひとつに「紛争当事者の合意」があるが，ポスト9.11期の紛争には，誰が紛争当事者なのかが明確でない場合が有りうる。また「武力と一体化」という問題もポスト9.11期の紛争形態には重要性が薄れてくる。

　1992年のPKO法の改正法案が2001年参議院で通過した。この法案は，それまで自衛隊の活動範囲として「凍結」されていたPKOの本隊業務である休戦協定の監視，武装解除，非武装地帯のパトロール等の任務を可能とするものであった。また改正された2001年PKO法により，自衛隊が自衛隊員自身のみならず，彼らの管理化にある者たち（難民，政府役人，国連職員）を保護するための武器の使用も合法化された[22]。

　この2001年の改定されたPKO法は，同時期に国連で発表された「ブラヒミレポート」の「今後の国連PKOは，昨今の暴力的な武装勢力に対応すべきより強健な任務にすべきである」[23]という提案に相容れるものとなった。

6-4-2　現在の日本PKO派遣に対する国益

　現在の日本のPKO派遣に対する国益は多岐にわたる。まず第一の国益としては，「新たな国際政治大国」として顕著な外交政策を実践させるということである。PKOは，外交政策として新たな独自性を構築するのに有意義な活動

である。これはカナダやアイルランドがかつて世界屈指のPKO派遣国であったことと類似する。この両国が優秀なPKO貢献国になった背景には，それぞれアメリカとイギリスという近隣の大国の国際安全保障政策から離れた独自の紛争解決政策を構築することが理想とされ，PKOへの派遣がその理想の外交政策であったのである。日本もアメリカの「核の傘」にありながらも，もう一方で「国連中心主義」を採っており，この両者のバランスを図る意味でも日本の積極的なPKO政策は重要なことである。さらに国連PKOへの積極的な派遣により国連内での発言権の強化も期待される。

　2つ目の国益として，アジア地域の安定があげられる。南北朝鮮，アフガニスタン，インド・パキスタン，中国・台湾，スリランカ等の情勢を鑑みても，アジアは依然として世界で一番政情不安定な地域として考えてもよい。アジア地域の安定化は，日本において経済的にも政治的にも重要なことである。アジア地域には，ヨーロッパのNATOのような軍事同盟は存在しない。すなわちアジアの平和維持や平和構築は，地域機構や地域の軍事同盟ではなく，国連主導で遂行されていかなければならない。日本もアジアのPKOであるカンボジアのUNTACや東ティモールのUNTAETやUNMISETには，それぞれ1,216名と1,370名という大規模な人員派遣を行った。

　3つ目の国益として，自衛隊の活性化があげられる。自衛隊がPKOという実際の現場にて活動することにより，通常軍事訓練では得られない実践での経験が得られる。またこのような実践面の活動によって自衛隊将校のリーダーシップを養成することが可能である。また他国との部隊との交流により自国部隊の強み・弱みを知ることができる。さらに実践活動により高い士気を持続させることができる。このような利益は，結果的には国防という自衛隊本来の任務の改善にもつながっていくと考えられる。

6-4-3　災害救援という新たなPKO任務

　日本の自衛隊の主任務は当然ながら国防にある。国防と同様に国内での自衛隊の重要な任務として自然災害に対する救援があげられる。たとえば1995年

の阪神大震災の直後においては自衛隊の援助物資の供給等の救援作業が震災後の重要な人道援助活動として注目されたのは記憶に新しい。

このような自衛隊の災害救援が国連 PKO の活動の一環として中南米のハイチで行われていることは注目に値する。

ハイチでは，2004 年 6 月 1 日に国連 PKO である国連ハイチ安定化ミッション（MINUSTAH）が設立された。その MINUSTAH の任務は，国内紛争で政情不安定なハイチにおいて，和平に向けた政治プロセスの支援，人道擁護の支援，人道的問題に対する監視および報告，安全な環境の確保等である。しかしその MINUSTAH の展開中である 2010 年 1 月 12 日に首都ポルトープランスを中心とした大地震が発生し 20 万人以上の死者をもたらした。同年 1 月 19 日国連安全保障理事会決議 1908 は，ハイチ地震災害に対する緊急の復旧・復興作業を支援するために MINUSTAH の増員を決定した。日本政府は国連からの支援要請を受け，2 月 5 日の閣議において 350 名の陸上自衛隊の派遣を決定した[24]。現地において陸上自衛隊は，ドーサや油圧ショベル，トラッククレーンなどの重機類を含む多数の車両を装備し，地震によって発生した大量の瓦礫の除去や被災民キャンプの整地など，ハイチの復旧・復興のための活動を任務とした。部隊としての最初の任務は，ポルトープランス空港内の国連世界食糧計画（WFP）の用地の整地活動であったが，その後，避難民キャンプの造成・補修作業，ドミニカ共和国との国境へ通じる道路の補修作業，市内道路や倒壊した行政庁舎の瓦礫の片付けなどの活動を実施した[25]。またこの自衛隊の MINUSTAH への派遣要請に対しても従来の派遣と比較して迅速に現地に部隊を展開したことも注目される。これは従来自衛隊が国連 PKO に派遣する場合，要員の選抜，予防接種の実施，その他必要装備の調達等に数カ月の準備を要していたが，この MINUSTAH の派遣に際しては 2 週間の準備期間で第 1 次要員がわが国を出発している。これは自衛隊にこれまでの海外派遣経験が積み重ねられたことに起因する[26]。

このような自衛隊の災害後の復旧・復興作業の支援を国連 PKO の一環として行っていくことはとても大きな意義があると考える。その理由としてまず第

一に災害後の復旧・復興作業は，国連 PKO のなかでも自衛隊という高い士気と技術をもった集団が相対的に大きな貢献を果たせる任務であると考えられるからである。第二に災害救援は，貢献国の政治的要因から離れた純粋な国際貢献であるという意味合いが強く，日本という国が国益という現実主義から距離を置きながら国連活動という理想主義に基づくべき活動に積極的に関与できるからである。

6－4－4　平和安全法制の整備と PKO 法の改正

　第3次安倍内閣において，2016年3月にいわゆる「平和安全法制」が整備され国際平和協力法（PKO 法）も改正された。それによって「PKO 参加5原則」の第5項において以下のような内容が追加された。

> ⑤（武器使用は要員の生命防護など必要最小限に限る）受け入れ同意が安定的に維持されていることが確認されている場合，いわゆる安全確保業務およびいわゆる駆け付け警護の実施に当たり，自己保存型及び武器等防護を超える武器使用が可能。

　ここでいう「駆け付け警護」とは，自衛隊が PKO での任務中に，その近くで活動する非政府組織（NGO）などが武装勢力に襲撃された場合に，自衛隊が駆け付けてその警護にあたることである。同様に，自衛隊と同じ地域に活動している他国の部隊が襲撃を受けた場合にも，連携して防護活動を行う事が可能になった。

　以上のような法整備によって，自衛隊での行為が海外での PKO 活動においてより軍事的になったわけではない。自衛隊が活動中に人的危機に直面した場合，その危機に直面している者や組織を警護するという，いわば人道的に当然要求される行為が行えるようになったという事である。

6-5 結　論

　1991年の湾岸戦争以降，日本の国連PKOに際する政策は少しずつではあるが進化している。1992年のPKO法は，ポスト冷戦期の紛争解決手段の新たな要望に応えるため大きな論争が繰り広げられた後に設立された。しかし日本人要員のPKOでの現場におけるさまざまな不具合や問題点が指摘された。実際の日本人要員が実務レベルで他国の要員と良好な関係をもちながら任務に全うできるよう，また新たな国連PKOの改革も対応できるよう，このPKO法のさらなる改善が必要であろう。

　これまで日本政府も日本国民も日本のPKO参加に対する国際社会での意義について真剣に考えてきたとはいいがたい。日本のPKO貢献に関する論争は，自衛隊のPKO参加に対する合憲性や集団的自衛権に対する関連性にとどまっていたことが多い。「日本が国連PKOに参加することは，国際社会にどのような貢献ができるのか」とか「どのような日本のPKOの参加が国際社会にとって意義があるのか」についてはあまり語られてきていなかったといえる。しかし国際連合に加盟し，その国連の活動に参加するということは，国際社会における平和と安全のために私たち日本人が「国際社会の一員」あるいは「国連加盟国」として何ができるかをまず考えなくてはならないであろう。このような理想主義に基づいた論争を日本はほかの加盟国と比較しても相対的にあまり頻繁に行ってきた国であるといいがたい。また日本は最初に派遣したカンボジアのPKOであるUNTACにおいて数名の犠牲者を出してしまったことも原因であると考えるが，日本のPKO政策は他国と比較しても犠牲者を出してしまうことに過敏に反応してきたように思える。平和憲法，PKO法，犠牲者に対する考慮をある程度超越したPKO政策というものを日本政府は考えていくべきものであろう。これは人権というものを軽視するのではなく，国連PKOに対する国際的かつ普遍的な考え方に即した政策をとるべきであるということである。これはPKOの活動は自国だけで行うのではなく，ほかの加盟国と共

にPKOのマンデートを実行していかなくてはならないからである。

　しかしだからといって日本のPKO参加によって自国はもたらす利益について軽視すべきであるということでは決してない。PKO政策を国策と考えた場合に，必然的に現実主義の側面を避けることはできないからである。日本の国連PKO参加に対する重要な国益のひとつに国連での発言権の強化を含めた，国連外交や多国間外交の向上にある。これによりアジア地域においてさらなるリーダーシップを発揮することができよう。また伝統的に日米同盟にみられるような日米関係重視と，長年謳ってきた「国連中心主義」を両立する意味でも国連PKO参加は意義のあることである。さらに自衛隊に実践の場を提供し自衛隊の活性化を考慮しても自衛隊のPKO参加は重要である。

　このように日本の国連PKOに対する政策は依然としてさまざまな課題を抱えているといえる。しかし派遣国側からみたPKO政策というものは，理想主義そして現実主義の双方のバランスをもって実行していくものであることを日本のケースから学びとれる。

【注】

(1) 国際連合ホームページ http://www.unorg/en/peacekeeping/contributors/
(2) *Dairy Yomiuri*, 12 February 1992.
(3) *Mainichi Daily News*, 20 October 1991.
(4) Ishizuka K., "A Japanese Perspective to the UN Peacekeeping Operations", unpublished MA dissertation, Department of Politics, University of Nottingham, September 1996, p. 78.
(5) 水野均『海外非派兵の論理』新評論，1997年，p. 190。
(6) *Japan Times*, 4 January 1993.
(7) Ehrhart H., "Germany" in Findlay T. (ed.), *Challenges for the New Peacekeepers* (Oxford：Oxford University Press, 1996), pp. 32-51.
(8) 江畑健介『軍事力とは何か』講談社，1994年，pp. 195-196.
(9) Dobson H., *Japan and United Nations Peacekeeping* (London：Routledge

Curzon, 2003), p. 140.
(10) *Japan Times*, 4 January 1993.
(11) *The Washington Post*, 7 May 1993.
(12) *SAPIO*, 28 February 1996, p. 96.
(13) 防衛研究所高井晋氏インタビュー 1997 年 9 月 20 日　防衛研究所にて。
(14) Takahara T., "Japan" in Findlay T., p. 62.
(15) Chuma K., "The Debate over Japan's Participation in Peace-keeping Operations", *Japan Review of International Affairs*, Autumn 1992, p. 244.
(16) 神余隆博『新国連論』大阪大学出版会，1995 年, p. 243。
(17) 前田哲男『検証 PKO と自衛隊』岩波書店，1996 年, p. 53。
(18) *The La'o Hamutuk Bulletin*, Vol. 3, No. 6, August 2002, p. 6.
(19) 読売新聞，2001 年 12 月 7 日。
(20) 読売新聞，2001 年 12 月 29 日。
(21) 読売新聞，2001 年 10 月 31 日。
(22) *Japan Times*, 12 月 8 日。
(23) UN Document A/55/305-S/2000/809, *Report of the Panel on United Nations Peace Operations*, 21 August 2000, para. 55.
(24) 外務省ホームページ http://www.mofa.go.jp 2010 年 12 月 31 日参照。
(25) 2010 年防衛白書 第 III 部わが国の防衛に関する諸施策。
(26) *Ibid.*

第7章
平和維持活動（peacekeeping）から平和構築（peace-building）へ：人的側面を尊重した理想主義への取り組み

7-1 導　入

　1945年10月24日，国際連合が発足した当時加盟国数は51カ国であった。2005年9月現在，その数は191カ国まで増加している。新たに加盟した国のなかには第2次大戦後に独立を果たした国が多数含まれているが，これらの国々の独立当初には，政治状況が依然として不安定であり，長期間続いた紛争後の安全は十分保障されず，外部からの経済および財政援助も必要不可欠な状態であった。そこで国連は，新興国家の構築を手助けするオペレーションとして，現在でいう平和構築ミッション（peace-building missions）を実施した。

　近年，高い注目を集めている国連による平和構築ミッションだが，図表7-1からもわかるように，そうした活動のはじまりは1960年代まで遡る。最初の国連主導の平和構築ミッションは，国連暫定行政機構（UNTEA, 1962-63）であった。UNTEAは，オランダ領西ニューギニアの施政権をインドネシアに移管するまでの暫定行政の役割を果たし，国連の創設から20年間に実施され平和活動のなかでは，とりわけ野心的であり，また成功したミッションといえる[1]。

　こうした平和構築ミッションの需要は，ポスト冷戦期に急激に高まった。それは，この時期にアジアやアフリカにおいて頻発した国内紛争の終結後，自らの領土に新たな民主国家を構築するという必要性が高まったからにほかならな

図表 7-1 1945年以降の国連平和構築ミッション

派遣国家	Mission	期間	警察業務	国民投票の実施	選挙の実施	行政権	立法権	司法権	条約締結権
西パプア	UNTEA	1962-1963	有		地方選挙のみ				
ナミビア	UNITAG	1989-1990			有		有(制限有)		
西サハラ	MINURSO	1991-		有					
カンボジア	UNTAC	1992-1993	有		有	必要に応じて			
ソマリア	UNOSOM II	1993-1995					有		
ボスニア・ヘルツェゴビナ	Office of the High Representative	1995-			有(OSCE)	有			
ボスニア・ヘルツェゴビナ	UNMIBH	1995-2002	改善・再編成						
東スラボニア	UNTAES	1996-1998	有		有	有			
東ティモール	UNAMET	1999		有					
シエラレオーネ	UNAMSIL	1999-	有						
コソボ	UNMIK	1999-	有		有(OSCE)	有	有	有	
東ティモール	UNTAET	1999-2002	有		有	有	有	有	有
アフガニスタン	UNAMA	2002						有	有

出所: Chesterman S., *You, the People : Transitional Administration, State-Builing and the United Nations*, An Intorenational Peace Academy Report, November 2003.

い。しかしそのような国家は，自力による統治・復興能力に欠け，その社会全体が国際機構あるいは地域機構からの援助を受けて修復される必要がある。実際，国連による平和構築ミッションは，ナミビア，西サハラ，カンボジア，ソマリア，ボスニア・ヘルツェゴビナ，西スラボニア，東ティモール，シエラレオーネ，コソボ，アフガニスタンなどの各地に派遣された。国連平和構築ミッションは，また，進化も続けているといえる。たとえば，近年設立されたミッションのひとつである国連東ティモール暫定統治機構（UNTAET）のマンデートは，警察業務，選挙の実施に加え，行政，立法，司法の権限，さらには条約締結権まで有している（図表5－1参照）。

平和構築という言葉そのものの起源は比較的新しい。1992年6月に発表されたブトロス・ガリ（Boutros-Ghali）国連事務総長による国連平和活動に関する報告書である『平和への課題』において，国連の平和活動のなかに，「紛争後の平和構築（post-conflict peace-building）」がはじめて紹介され，その任務は，武装グループの武装解除と秩序の回復，武器の破棄，難民帰還，警察官および軍隊の訓練，選挙監視，人権保護，政府機関の改善強化，そして政治参加プロセスの促進等多岐にわたっている[2]。このガリ事務総長の『平和への課題』において，この「紛争後の平和構築」のほかに「予防外交（preventive diplomacy）」「平和創造（peacemaking）」「平和維持（peace-keeping）」が新たに国連の平和活動として定義された。それまでの平和活動は，PKO（Peacekeeping Operations：平和維持活動）と一般に称されていたが，特にポスト冷戦期における平和活動の多様化（4章での第2世代，第3世代PKOなど）によってその活動も細分化された。よって平和構築がPKOとは別の活動ではなく，PKO初期に時代においては，現在でいう平和構築活動に相当するものがすでに存在しており，現在でも伝統的なPKOタイプの平和活動が行われている地域も存在するのである。そのなかでも現在の国連による平和活動においては，平和構築が主流になっているということである。

それでは，伝統的な国連PKOと平和構築ミッションの違いは何か。一番顕著な違いは，任務の多岐性である。従来の伝統的な国連PKOの任務は，停戦

監視，兵力引き離しおよび治安・秩序の維持等の軍事業務が主であった。しかし平和構築では，そのような軍事業務は平和維持隊（Peacekeeping Force：PKF）という1部門にすぎず，その他にも選挙支援，人権擁護，ガバナンス，医療や食料などの人道援助，社会・経済復興の促進，難民支援，警察の育成，暫定政府の指導など多岐にわたる非軍事部門があり，軍人と共に多くの文民スタッフも擁する。アルベルヒト・シュナベル（Alberecht Schnabel）は平和構築の任務は，3つの部門，すなわち安全な環境の創造，持続可能な民主制度の促進，経済的・社会的幸福の促進，から構成されていると論じた(3)。また任務の多岐性にともない，国連スタッフ以外にも，通常何百もの非政府組織，いわゆるNGO（Non-Governmental Organizations）も平和構築活動に参加しており，緊急復興開発，保健医療，環境，教育等で活動しており，またそのNGOの財政面から支援するドナー（JICA：日本国際協力事業団やUSAID等）の関与も需要になってくる。つまり，平和構築はいい換えれば「新しい国づくり」であり，平和構築は国家構築（state-building）という表現に置き換えられることも少なくない。

　また昨今の国連の平和活動において重要視されているテーマとして「国家の安全保障」のみならず前述した「人間の安全保障」があげられる。つまり平和活動に関して「人間を中心とした」アプローチがいっそう求められているのである。民族や宗教紛争において，残虐な人権侵害や人道に反する罪悪が増加し，人間の安全保障が深刻に脅かされている現在のポスト冷戦期において，人的側面に焦点をあてた平和活動の研究はとりわけ重要である。デビッド・チャンドラー（David Chandler）も新しい国連の課題として平和活動における人的要因への一層の関与を提言して次のように述べている。

　　国家の権力よりもむしろ虐げられた人々の権利を強調することが必要と思われる。なぜなら非西洋諸国の多くは，往々にしてその国の人々の権利を保護する意思をもちあわせていないからである。虐げられた人々に力を与えるという概念は，紛争後の状況，紛争予防，あるいは平和構築の段階

第 7 章　平和維持活動（peacekeeping）から平和構築（peace-building）へ　161

において極めて有意義である[4]。

　実際に，紛争後の平和構築ミッションは，通常，緊急時（emergency）から安定期（stability）への移行期間に実施される。そして，この時期の活動は，国家の安全保障のみならず人的側面により大きな注意を払っていくべきであろう。平和構築の需要が増大しているポスト冷戦期においては，「人間の安全保障」という概念が国際社会において強調された理由もここにある。もちろん，人間の安全保障と国家の安全保障は相互に密接に連結している。事実，国家のみで国際安全保障が成り立っているわけではない。国際機構，NGO，そして市民社会が，HIV/AIDS，地雷除去，難民帰還，人権侵害の報告等を通じて人間と国家の安全保障の維持に貢献しているのである。また，2003 年 5 月，元国連高等難民弁務官の緒方貞子氏が人間の安全保障委員会の報告にて次のように述べているのは特筆に価する。

　　人間の安全保障は，国家の安全保障に取って代わるのではなく，それを補う存在である。ますます増大する暴力的紛争や極端な貧困が示すように，国家の安全は，人々の安全保障が脅かされている間は保障されないのである。しかし，世界の多くの腐敗国家が示すように，強大で，民主的で，責任ある国家なくして，人々の安全も保障されないのである[5]。

　現在の平和構築ミッションの活動では，物理的な人間の安全保障のみならず，民主化，司法と和解，良い統治，といった能力向上（capacity-building）の問題も重要視される。そして，これらに共通するひとつの重要な用件として，平和構築の対象となっている国の人々からの信頼の醸成がある。平和活動における現地の人々からの信頼醸成という問題は，国連研究においても長い間注目をされていなかった。しかし，平和構築ミッションの人的側面に関する諸問題を 1 つひとつ解決していくことによって人々からの信頼を醸成していくことは，そのミッションの成功の大きな鍵といえるであろう。そしてこの問題は，平和構

築の分野で，現在大きなテーマとなっている「持続可能な開発（sustainable development)」の新たな展開といえる。

国際政治の理論でいえば，国家ではなく人的側面を重視するということ，すなわち人間の安全保障というものは，現実主義というより理想主義に沿った考え方である。すなわち平和構築というものは，停戦合意を監視するPKOが軌道に乗り，国家の安全保障の段階をある程度解決した後に人々の生活を安定させることを主任務とすることであり，これはPKOよりも理想主義の形に近い。

本章は，国連平和構築活動の人的側面に重きを置いた信頼醸成問題を扱う。具体的には，まず今日の国連平和構築ミッションのもつ正当性を論じ，さらに現在の平和構築における人的側面に重きを置く信頼醸成に関する諸問題とその解決策を論じていく。

7－2　国連による平和構築ミッションの正当性

過去において国連を通じた平和構築ミッションに関するさまざまな批判があったのは事実である。たとえば，ポール・クーリア（Paul Collier）は，国連の平和活動によって紛争が終結した国家の44％で5年以内に紛争を再発している，という調査結果を発表している[6]。同様にネクラ・チルギ（Necla Tschirgi）は，1990年代の国家構築の対応，とりわけ市民戦争直後の民主化への効果に関して，国際社会は過度に楽観的であったと指摘している。彼女は，16の国家構築の事例のなかで5つの事例においては，平和の維持や民主プロセスの分野で現在に至っても依然として適切な基準に達していないという調査結果を報告している[7]。さらに，東西冷戦が終了して以来，先進国は国連システムに対して，政治的にも経済的にも責任ある行動を積極的にとろうとはしていない。国連が，いわゆる政治経済大国のリーダーシップに支配されている以上，このような傾向は平和構築ミッションに好影響を与えていない[8]。

それにもかかわらず，国連の平和構築ミッションの正当性を強く支持する要素は数多く指摘されている。まず第1に，現実問題として平和構築ミッション

第 7 章　平和維持活動（peacekeeping）から平和構築（peace-building）へ

の需要が増加していることがあげられる。前章でも述べた通り，ポスト冷戦期において，グルジア，アゼルバイジャン，モルドバ，チェチェンのような旧共産主義国家（あるいは自治州）の事実上の崩壊やソマリア，スーダン，スリランカ，ルワンダなどでの，部族，宗教，民族間の紛争による国家の機能の破壊により，国際社会は平和構築ミッションにより，そのような破綻国家の早急な建て直しを求められるようになった。それに加え，いわゆる「ポスト 9.11 期」には，アフガニスタンやイラクのような対テロリスト戦争に巻き込まれて国家が崩壊する新たなケースも生まれており，国家再建ミッションの需要は今後も増大すると予想される。

　このような需要の高まりとともに，国際社会の平和構築に対する意識が深まっていったことも平和構築ミッションを正当化する要素の 1 つにあげることができる。特にポスト冷戦期においては，個人，集団，国家，あるいは国際機関が，人権や個人の安全，さらには「良い統治」というものに多大な関心を示すようになり，上記にあげた民族紛争や内乱，さらには国連における紛争後の平和構築に積極的に介入する姿勢を示すようになっている。そして平和構築ミッションに関与する活動の主体は実に多様になり，それらは市民社会や NGO，そして各国政府や国際あるいは地域機構，さらには刑事裁判所や真実和解委員会，そして国連事務総長特別代表といったような傑出した個人まで含まれるようになった。このように平和構築ミッションの支持する層の広がりやその頻度の増大によって，その正当性も高まっていくことになった。

　実際，2003 年 5 月以降の国連による平和構築活動の急激な増加を指摘することができる。しかもそれらの多くは，政治大国にとってほとんど国益がないといわれているアフリカで行われている。それらのミッションとは，2003 年 9 月に設立され，15,000 人の軍事要員と文民職員を擁した国連リベリアミッション（UNMIL），同じく 11,000 の人員を配置した国連コンゴ民主共和国ミッション（MONUC），6,000 の人員を擁した国連コートジボワール活動（UNOCI），そして同じく 2004 年 5 月 6,000 の人員を配置した国連ブルンジ活動（ONUB）などである。マッツ・バーダル（Mats Berdal）によれば，それらはすべて大

規模な兵力からなる多機能タイプの平和構築ミッションであり，さらに重要なことに，それらのミッションは国連安全保障理事会の常任理事国同士がイラク戦争で緊張が高まっている間でさえもコンセンサスが得られ，設立されている(9)。さらに，そのイラクでは，アメリカ主導の連合国暫定当局（Coalition Provisional Authority：CPA）が正当性に欠けているという国際世論が浸透していたなか，国連はアメリカ主導の占領軍が決して成し得なかったことを行っている。これらは政治形態の移行期においては，極めて重要な活動である(10)。こう考えるならば，これまで平和構築ミッションが十分な成功を収められなかった理由としては，もっぱら国連の能力不足を指摘されがちであったが，現実には強大な外国軍の介入による民主化の限界を再認識する必要があることがわかるであろう(11)。

　ジェームス・ドビンズ（James Dobbins）もまたバーダルの主張に同意している。彼は，国家構築ミッションにおいて国連とアメリカとの間でのいわゆる「役割分担」について言及した。彼は，大きな脚光を浴びるのではなく低姿勢（low profile）をとる，いわゆる「小さな足跡」（small footprint）を残すに留めるようなミッションは，アメリカよりも国連主導の平和構築のほうが適していると指摘する。国連は，いわゆる物理的なハード・パワーの欠落を，国際的正当性や地域における中立性というようなソフト・パワーの充実で補っていく能力をもち合わせている。それゆえ，ドビンズは国連の影響力が物理的というよりはむしろ道徳的な力に依存し，またその戦闘的能力よりは非戦闘的な正当性に依存している限り，国連が軍事能力面で劣っているとしても，それが信用性を致命的に失わせることはないと論じている。事実，国連の平和構築ミッションは，アメリカ主導のミッションと比べれば，規模も小さく，活動の幅も限られているが，必要に応じて頻繁に実施され，より大きな成功を収めている(12)。

　さらに，国連平和構築ミッションのもつ正当性は，国連自体が平和構築における戦略的改革を徐々にではあるが積極的に進めているという事実からも認識される。前述した1992年6月に発表された『平和への課題』において，ガリ事務総長は，国連が4つに分類した平和活動の形態「予防外交」「平和創造」

「平和維持」，そして「平和構築」を1つの連続した流れと捉えている。つまり，予防外交が失敗に終わったことにより，紛争が勃発する。その紛争に対して国連等の第3者が必要とあらば強制力を行使しても平和を創造する。そして，平和創造が成功し，停戦協定が結ばれた後に中立的な部隊等が配置され，停戦協定の維持と紛争の再発予防のための平和維持活動が行われる。その後，紛争によって荒廃した国家を再建すべく平和構築がなされる，という流れである。このなかで，最後の平和構築は，新たな紛争のサイクルの再発を防止するという意味において大きな役割を果たしている。すなわち，平和構築の成功が，予防外交としての重要な役割を果たすといえる[13]。

2000年8月に公表された「ブラヒミレポート」においても，平和構築が全体の平和活動の成功にとって欠くことができない重要性が強調されている。そのレポートは，文民警察官や人権に関する専門家の新たな採用，民主化や再統合プログラムの創設，平和構築戦略を向上させるための国連の恒久的な能力の改善等，平和構築にとって鍵となる有益な勧告を盛り込んでいる[14]。また，同年9月の国連総会で採択されたいわゆる「国連ミレニアム宣言」では，紛争予防や平和維持と同様に紛争後の平和構築も強化されるべきと指摘する。「ミレニアム宣言」では，「人権，民主化，そして良い統治」が，国連が解決すべき主要なグローバルな問題のひとつと明記されている[15]。さらに，その宣言は人間の安全保障の見地から次のように述べ，国連の活動の改善・強化を求めている。

　　我々はさまざまな戦い，たとえば世界の全人類の発展のための戦い，貧困や無知や疾病との戦い，不公正との戦い，暴力や恐怖や犯罪との戦い，さらには我々の共通の故国の堕落や腐敗との戦いを優先することによって，国連をより効果的な組織にするための努力を惜しんではならない[16]。

本論文が強調する「人的側面」という観点からみるならば，「国連ミレニアム宣言」は，すでに「人間の安全保障」やその他の人的なミッションを含んだ

平和構築活動の重要性を指摘をしているといえる。2015年までの達成を目標とする8項目から構成される「ミレニアム開発目標」では，極端な貧困と飢餓の人々の割合の半減，初等教育の完全な普及，HIVエイズ，マラリアの蔓延の防止あるいは後退，などの平和構築初期に重要な項目が含まれている。この「ミレニアム開発目標」の達成は，持続可能な開発を包括的に創造し，地域の人々の信頼を醸成する国連の平和構築ミッションの成功に大きな影響を及ぼすに違いない。このように考えるのなら，「ミレニアム開発目標」を含んだ「国連ミレニアム宣言」と国連を通じた平和構築ミッションは相互に補強しながら発展していくべきものといえるだろう。

　さらに，2004年12月，国連のアナン事務総長によって組織された「脅威・挑戦・変化に関するハイレベル委員会の「報告書（Report of the Secretary-General's High-level Panel on Threats, Challenges and Change）」において，国連における平和構築ミッションの拡大を主張し，その政策の一環として，新たな政府間組織としての平和構築委員会（Peacebuilding Commission）の設立を提案した。この委員会は，国連平和構築ミッションにおけるドナー国，部隊派遣国，受入国の代表が，ほかの参加国，国際金融機関，地域機構の代表と一堂に会し，その平和構築活動に関する戦略，政策ガイダンス，物資の供給，その他の活動の調整等について協議をする場になる[17]。そして平和構築委員会は，2005年12月に国連総会および安全保障理事会にて，その設立が正式に承認された[18]。

7-3　国連平和構築における諸問題

7-3-1　オーナーシップの問題

　オーナーシップは，平和構築ミッションにおける信頼醸成に影響を与える最も重要な問題のひとつである。たとえば，平和構築のために大規模な軍隊が紛争後の地域に介入した場合，悲惨で破壊的な紛争に依然として心の傷を負っている現地の人々は，たとえその外国人部隊が中立な軍隊であっても，その介入

第 7 章　平和維持活動（peacekeeping）から平和構築（peace-building）へ　167

に大きな違和感をもつ傾向がある。これは民衆がこうした外国人部隊に占領をされてしまうのではないかという不安とも密接に結びついている。同様に，国連ミッションに参加する国際行政官は，現地政府の役人に，自分の職が奪われはしないかというプレッシャーを与えることもある。このように，紛争後の社会や経済状況によっては外部からの援助が不可欠である一方，国際社会の平和構築ミッションへの過度の関与は，受入国の国民のオーナーシップの意識を低下させてしまうという一種のジレンマに新興国家は陥るのである。現実には，紛争後の地域や国家は，平和構築に関して外部からの意見に依存する傾向があり，その地域のコンセンサスや結束力はとても弱小である。マイケル・ピュー（Michael Pugh）は，平和構築ミッションは平和を建設する過程においても社会的あるいは人的な影響力を過小評価しがちであると警告している[19]。

　実際，平和構築において，専門的な知識や高い技術をもった人々が極端に少なく，またそのような人々を採用するに当たってのプロセスが不透明性な場合には，現地人のオーナーシップを優先することは困難である。しかし一方で国連は，伝統的に紛争後の平和活動において外部機関の強い介入よりは現地人のオーナーシップを重要視してきたこともまた事実である。国連開発計画（UNDP）紛争予防復興局長であるジュリア・タフツ（Julia Taft）も率直に次のように述べている。

　　　簡潔にいえば，国際社会の目的は，政治的，経済的，そして法的な改革を援助し，ガバナンスを向上させ，その国家およびその周辺国における平和を達成させる努力をすることである。この目標の実現のため，国連機関やドナー国は，それまでの任務を簡略化させ，援助物資に関する優先順位やその決定を現地の人々に委ね，その地方や国家のリーダーたちによる制度上のオーナーシップを確立させなければならない[20]。

　フランシス・フクヤマ（Francis Fukuyama）は，まず平和構築において現地の人々がイニシアティブをとっていくことにおいてさまざまな懸念があると指

摘している。その懸念とは，たとえば国家構築に関心のある現地の当事者が，必ずしもその実現性について十分に理解しているとは限らないことや，彼らが自らの利益や権力の獲得を優先して新しい制度を創造することもありうることなどである。それにもかかわらずフクヤマは，現地人のオーナーシップを最大限に引き出すために，国連等の外部組織は自らの管理能力を制限すべきであると主張している。その理由として，1) 外部組織が，完璧な状態で国家を統治し続けることは困難であるということ，2) 外部組織は，その国家に適した統治の仕方を理解できないことがしばしばあること，3) 早期のオーナーシップの確立は，外部の援助団体が早期撤退を可能にすべく持続可能な制度の創造力を高めること，の3項目をあげている[21]。

現地のオーナーシップが欠如しているために平和構築の活動が円滑に行われなかった例は，多数見受けられる。チャンドラーは，ボスニア・ヘルツェゴビナの平和構築のケースについて言及し，平和構築において「法の支配」を過度に重要視する傾向がみられるが，これは意図せずして社会のさらなる不安定化や分裂を招く結果になると批判している。チャンドラーによると，主に外部からの立法の強制による「法の支配」は，平和構築ミッションにおいて必要な国民の総意の創造（consensus building）の過程に悪影響を与えてしまう[22]。

同様に，エマニュエラ・デル・レ（Emmanuela C. del Re）は，コソボにおいて国連コソボ暫定行政ミッション（UNMIK）は，自分たちのコミュニティーを形成し，現地の人々とほとんど融合せず，あたかも自分たちの本国にでもいるかのような集団心理を発達させてしまったと説明している[23]。イサ・ブルミ（Isa Blumi）もまた UNMIK は，現地の市民に対して過度な中央集権的な権力を行使したと指摘している。ブルミによれば，かつてコソボの民衆に明確な国家権力を行使する試みの一部として，1990年代にスロボダン・ミロシェビッチの民族浄化政策が採用した行政戦略を UNMIK は再現したという。コソボ市民は，それゆえセルビア政府によってかつて強いられた中央集権的行政モデルと同様の UNMIK のそれに強く抵抗しているが，現在も UNMIK がこの戦略を変えた形跡は見当たらない[24]。

サイモン・チェスターマン（Simon Chsterman）は，近年すべての国連ミッションと開発プログラムにおいて，現地のオーナーシップの重要性が強調されるようになったと指摘している。彼は，国連アフガニスタン支援団（UNAMA）について言及し，アフガニスタンの平和プロセスを形成した2001年12月のボン合意ではアフガンの政治指導者たちが自分たちの国家の政治プロセスに自ら仕えることが奨励されたが，もし国連が実際よりも指導的立場を主張していたならば，この和平プロセスは頓挫していたであろう，と分析している[25]。逆にいえば，現地のオーナーシップを重視する政策を採用されたからこそ，アフガニスタンの政治指導者や国民とUNAMAとの信頼関係が築き上げられたのである。

このようにアフガニスタンでは，国際機関の介入が限定される一方で現地スタッフが多く採用されたことから，これは"light footprint（軽い足跡）"アプローチと呼ばれた。もっとも，"light footprint"を前提とするアプローチでは，必然的に限られたマンデートや限られた援助物資のなかで対応することが余儀なくされる。しかしアフガニスタンの平和構築の場合，東ティモールやコソボのそれとは異なり，同国がすでに完全な主権国家であったという強みが存在した。またジャンマリ・ゲエノ（Jean-Marie Gueheno）国連事務次長は，"light footprint"アプローチは，決して"weak footprint（弱い足跡）"であってはならないと指摘し，その見地からもUNAMAの活動においては，それを指揮した国連事務総長代表であるラフダール・ブラヒミ（Lakhar Brahimi）の優秀な管理能力を評価している[26]。

アフガニスタンでの"light footprint"アプローチの具体例として，「国家結束プログラム」（National Solidarity Programme : NSP）をあげることができるだろう。NSPはコミュニティー主導の開発プログラムであり，そこではアフガニスタン政府が，各村に自らの開発計画を立案させている。NSPの成功は，開発のみならず改革の実行者を現地の人々自身におくことを強調したことに起因する。これはアフガニスタンの国家構築における理想的な枠組みであるといえる[27]。

元来，国連の平和活動はアドホックな側面を多くもつミッションである。国連平和活動がそのような性格を帯びているゆえ，時折そのようなミッションの最も基本的な問題，すなわち「誰のための平和構築なのか」や「平和構築ミッションでは，誰が主導的な立場にあるべきなのか」といった問題が蔑ろにされかねなかった。ピューは，1990年以来の国連平和構築に焦点を当てて，上記の疑問を率直に指摘している。すなわち，軍事介入の責任を負う国家の政策当局者は，かつてソマリアやアンゴラをひどく苦しめたような紛争による暴力と，外国人部隊のコミットメントのサイクルに再び巻き込まれることをあえて避ける傾向にある。その結果，平和構築の制度化は，散発的に実施されるに過ぎない[28]。その弊害は，NGOなどによる国家構築のフィールドでの活動において顕著に表れてきた。このような理由から，NGOは1970年代より，災害救助や開発プログラムが国家構築に与えるインパクトについて総括するレポートや調査結果を一般に公表している。ピューは，この即興的な国連活動の政策が，平和構築の本来の目的である「自立させ，それを持続可能な発展に導く」ことに対しての逆の効果を生み出しており，事態を悪化させてしまっていると指摘している。その結果，平和構築の近年における機能的な進化や「早期修繕」を目指すアプローチにもかかわらず，国連，地域機構，あるいはドナーたちは，もし「オーナーシップ」の問題を真剣に取り組んでいくことを怠り続けるのであれば，平和構築の対象となる国家を結果として「保護領として」植民地化してしまうことになりかねない[29]。このような状況では国家構築ミッションは，現地での信頼を勝ち得るべくもないだろう。

　紛争後の国連ミッションにおいて，国連や国際援助団体は，現地のスタッフと責任や任務を分担することによってミッションの効率や効果低減されるのではないかと懸念する傾向がある。しかしながらそのことは一方で，現地のオーナーシップへの移行を果たすのに非常に重要なことである。上記にあげた，ボスニア・ヘルツェゴビナ，コソボ，アフガニスタンのケースは，すべて主要な紛争後の国連平和構築ミッションである。これは，オーナーシップが現在の国連平和構築ミッションの主要な課題のひとつであることを雄弁に物語っている。

平和構築は，現地の人々や主要な活動団体がそれを受け入れてはじめて成功するものである。国連のよる国家構築ミッションの役割は，したがって，政治的手段を新しい国家に強いるのではなく，それを自ら設定させるという目標を達成させるための援助をすることだといえる[30]。

自助努力と独立した社会の意識を創造するオーナーシップは，国家構築の過程の持続可能な開発の新たな展開の1つとして，極めて重要な要素である。このことは，物理的な能力だけでなく現地の人々との間の信用醸成によってはじめて得られるものである。

7－3－2　供給者側主導の援助の問題

ミレニアム開発目標は，2015年までに先進国による政府開発援助（ODA）の総額を，それぞれの国の国内総生産の0.7%に相当する額に設定する目標を掲げた。しかしアナン国連事務総長は，ODAが長い間，適切に運用されてはおらず，また需要者側ではなく供給者側主導の政策に委ねられていると批判した[31]。この傾向は，国連を通じた平和構築ミッションにも共通している。チェスターマンもまた国家構築における開発プログラムは供給者主導になっていると主張している。たとえば，ドナー国家がある物資の供給を公約していながら実際には別の物資を配給するのも珍しくはない。また，誰もが子供たちが再び学校に戻れるような貢献を希望し，軍人の給料に財政的貢献を希望する者はいない。その結果，多くのドナーが自分たちの貢献したい分野の調査や研究をしたがるのである。時折彼らは同じ部門に集中し，また同じコンサルタントを雇うことさえある[32]。

国家構築におけるドナーの興味や関心の多様性は，国際政治や紛争の様相の変化による部分が大きい。近年の紛争は地域化しており，しばしば正当性に欠ける部隊が介入したり，不安定な平和に導くこともある。共通の脅威がなくなりつつあることから，多様なドナーが，自分本位でかつ一貫性に欠ける目的を追求する傾向にある[33]。

NGOに関するさらなる批判は，市民の紛争や複雑な要素が絡んだ人道的な

危機における大規模で過度な「人道的介入主義」において指摘される。このケースにおける批判というのは，過度の介入による地域の自助能力の低下である。そのような状況のなか NGO が規模の拡大を図るにつれて，彼らが自らの活動の効果よりはむしろ自分たちの雇用の機会の拡大を優先する懸念が高まっていくのである[34]。

供給主導の戦略の問題は，被雇用者に支払う給与の問題の中にも認識される。たとえば，アフガニスタン政府で働く公務員の月収は，現在 28 ドルである。一方，アフガニスタンの国民が同じような仕事を，国連や国際 NGO のもとで働くとその 15 から 400 倍の額の収入を得ることができる。そのような違いは，寄生的なバブル経済を育み，その結果公務員たちは政府の役職から離れ，短期的な国際 NGO の仕事に就くのである。ときにはそのような理由で弁護士が運転手になり，電気工技師が守衛になることさえあり得るのである[35]。このようなケースは，その地域のプロフェッショナルな専門職の不在による，地域全体の社会的経済的な能力や力量の空洞化という深刻な問題を例示している。つまり，このような能力の空洞化現象は，結果的には平和構築における信頼醸成に大きな負の影響を与えてしまうのである。

平和構築ミッションにおける信頼醸成は，国際援助が行われる方法や形態によっても影響を受けている。メアリー・アンダーソン（Mary B. Anderson）は，援助によって養われた経済的あるいは政治的資源が，様々な方法で紛争に悪影響を及ぼしていると指摘している。たとえば，援助物資が武装集団に盗まれ，それが新たな武器を購入するための財源になったり，また市場を拡大させることによって戦争経済を加速したり，援助を配給分配することによって，グループ間の関係が悪化し緊張が高まったり，援助物資が地域での生産物資にとって代わり，そのことが地域の住民の経済を悪化させたりすることがあり得るのである[36]。国際援助が，現地の人々に対して緊急救援や能力開発といった純粋な目的で実施されていないのであれば，そのような援助は無意味であり，それはドナーや地域，および国際機構への人々の信頼や信用を減退させるだけである。

第 7 章　平和維持活動（peacekeeping）から平和構築（peace-building）へ　173

　ドナーの国家構築ミッションに対する姿勢においてさらに別の問題も指摘されている。ジェニー・ピアース（Jenny Pearce）は，中央アフリカの国家構築において，世界銀行や国際通貨基金（IMF）や米州開発銀行（IADB）や国連など経済政策作成に携わる機関の間での連携や調整がほとんどなされていないと指摘している。その結果，予算の分配やその介入地域の貿易の自由化等の討議がなされず，結果的には紛争で荒廃し，不安定な状況にある国家の構築活動の効果や効率に影響する[37]。

　供給者主導の援助戦略は，国家の政策にもみられる。理想的な平和構築は次の 3 段階の順序を経て実施されるべきとされている。すなわち，第 1 段階では和平協定の締結等，平和のための政治的解決がなされること。第 2 段階として，その国家構築にふさわしい国連のマンデートが作成されること。そして第 3 段階ではマンデートを実行させるために適切な援助物資が割り当てられることである。しかし現実の国家構築活動は，この理想的な順序とは逆の流れで行われていることが多い。つまり，まず国家は国際援助団体やドナーからどのような援助物資が受給され得るかを考え，次にこの援助物資に見合うマンデートが作られ，最後に政治的枠組みが決定されるのである[38]。

　日本の外務省の調査によると，国家構築活動に関して，国家やその政府が認識している問題の重要度と，国民レベルで認識している支援・援助の必要性との間にギャップがあることが認識されたという。たとえば，スリランカでは政府によって国が直面していると認識されている問題として，「基本的人権の確保」「和平合意と維持」「他民族や少数民族との融和」「弱者やマイノリティへの抑圧解消」などがあげられている。しかしスリランカの人々にとっての支援ニーズの高い項目は，より物質的援助であり「地雷・不発弾などの除去と被災者の支援」「鉄道・道路・港湾などの復旧・開発」などになっている。同様にアフガニスタンにおいても，「停戦や休戦などの和平合意と維持」や「法の整備と裁判所などの再建」が国家によって認識されている解決されるべき問題である一方，アフガニスタンの人々が必要と認識する支援や援助は「医療・保健施設・設備の復旧・開発と人材の開発」や「産業の復興」などである[39]。国

民は，国レベルの政治的な安定よりも，国民自身に直接利益がある物質的な援助を要求するのは普遍的な事実である一方，実際に行われる援助と国民の要求する援助に大きな開きがある場合は，包括的な国家構築活動プロセスにおける信頼醸成効果の減少がもたらされる場合があると懸念される。

　平和構築における供給者主導の戦略は，新自由主義的な国際主義（liberal internationalism）と平和構築の民営化・市場化戦略とも深く結びついている。このリベラル国際主義と平和構築ミッションとの関連性を分析した国際関係学者はローラン・パリス（Roland Paris）である。彼は，まずポスト冷戦期の国連ミッションのほとんどが平和構築であると指摘した。また彼はそのような平和構築に携わる組織の多様性や，平和構築の持つ中央集権的な組織構造の不在に着目した。そのうえで彼はポスト冷戦期における平和構築ミッションの最も顕著な特徴は，それらミッションのすべてが紛争で荒廃した地域に安定し持続可能な平和を得るために共通の2つの戦略，すなわち「民主化」と「市場化」，を追求してきたと結論づけている。簡潔にいえば，ポスト冷戦期における平和構築は，派遣側が自らの自由市場の拡大のためには，受け入れ側の民主化を拡大させなければならないという，供給者の利益を考えた活動であるということである[40]。オリバー・リッチモンド（Oliver Richmond）もまた「近年現れてきた現象としての平和構築，人道的介入，開発問題，民主化，人権，紛争解決へのアプローチは，それぞれが異なったレベルの分析であっても，それが正統的な介入への道として位置づけられている」と論じながらも，これが「平和創造のためのさらなる民営化や平和活動の民間部門への下請け依頼行為への重要な解釈のひとつとされてきた」と指摘する[41]。これも供給者主導の試みである。

　さらに，パリスは平和構築活動における新自由主義の発達過程は，結果的には民主化改革の相対的な成功の表れである一方，安定し持続可能な平和の達成に常に良い影響を与えるばかりではないと述べている。なぜなら，バランスのとれていない経済成長は富の極端な不均衡を軽減することができない以上，経済成長を平和構築成功の指針にするのは十分ではないからである。経済の自由

化は自由市場を促進し，マクロ経済のバランスを是正し，向こう数年間の経済成長へと導くが，それらはまた深刻な社会の不平等への傾向を強めてしまう(42)。平和構築における経済自由化の問題のひとつとして，その地方産業が経済の自由化に耐え得るか否かという問題もある。なかでも戦争経済や国内産業が薬物貿易によって維持されている所での平和構築における経済の自由化への問題は，とりわけ深刻である。たとえばアフガニスタンではカルザイ大統領は，国家経済全体の40％から60％を占める「けし（ヘロイン）」の栽培に代わる国内産業の充実を援助するために，アメリカやその同盟国は十分な働きをしていないという不平を公言した。アメリカのブッシュ大統領は，アフガニスタンの経済がハネデューやざくろの栽培のような伝統的な農業形態に戻ることを希望すると述べたが(43)，それらの農作物が農民にもたらす収入は，薬物貿易のそれよりもはるかに小額である。平和構築の名においての経済の過度の自由化や市場化は供給者主導の戦略の負の遺産であり，人的側面に重きを置いた信頼醸成活動においても良い影響を与えたとはいえず，長期的にみれば，持続可能な開発の望めなくなるであろう。

7－3－3　司法と信頼醸成

　司法の問題改善も持続可能な開発の新たな展開のひとつであり，平和構築の人的側面における信頼醸成に大きな影響を与えているが，この問題は，安全保障や援助と比較してあまり優遇されない。たとえば，エドワード・ニューマン（Edward Newman）によると，ボスニアにおいて，政治指導者やNATO高官の間では現地の安全状況が不安定な段階では，戦争犯罪の容疑者の逮捕よりも地域の平和や安定の維持やNATO軍の安全を優先するという共通の認識があった，という。ニューマンは，政治学者の固定概念から，司法の問題は必然的に平和構築の移行期の政治的バランスを考慮したうえで二次的な存在になってしまうと論じている(44)。しかしこの傾向は，現地の人々の信頼醸成に関していくつかの問題を投げかけることになる。まず，現地の人々は，国家レベルでの政治上あるいは安全保障上の枠組みよりも，司法や裁判の公平性といったよ

うな，彼らにより直接かかわる問題に大きな関心を示すということである。とりわけ紛争期間中に彼らの家族や親戚を失った場合には，この傾向は顕著になる。次に，アメリカ介入後のイラクのケースのように平和や安定を強制的な方法で維持していった場合，オーナーシップの問題とも関係して現地の人々から十分な支持を得ることはできないということである。このような状況で，外部からの政治的力によって作り上げられた司法は，現地の人々からの信頼を勝ち得ることは難しい。

司法における別の問題として，実用主義の適用による普遍的な裁判基準の不在があげられる。ニューマンが指摘したように，罰せられるべき者が罰せられず，犯罪者が不公正にも実社会に公然と融合している所では，民主主義は何の意味もなさない[45]。同様に，ドナ・パンクハースト（Donna Pankhurst）によると，南アフリカ共和国の真実和解委員会（the Truth Reconciliation Commission：TRC）に対する一般的な批判は，犠牲者は自分たちの加害者が恩赦を受けいれられるか否かという選択を与えられていないということであった。そしてその悪名高い圧制者が恩赦を与えられ，優遇された生活習慣を維持しているのであれば，このこと自身は和解という活動の限界を意味している。パンクハーストは，現在まで数多くの仲裁や和解のための組織が設立されたが，それらの多くは国家の管轄外で，しかも国際的な援助もないところで実施されてきたと指摘している[46]。

国際刑事裁判に適用されるような国際法が，紛争後の平和構築プロセスにおける戦争犯罪に適用されるべきかどうかは，これまでも大きな議論がなされてきた。社会的な価値や規範は万国共通ではありえないゆえ，普遍的な国際法は平和構築の司法プロセスには組み入れるべきではないという主張がある。また，国際刑事裁判はとても経費がかかりすぎ，よって紛争後の平和構築に携わるすべてのケースに主要に国際刑事裁判を適用させることはできないと主張する専門家もいる。そのような懸念にもかかわらず，人的側面の信頼醸成の見地から国際刑事裁判に代表されるような国際法は次のような理由で紛争後の平和構築期に裁判においてできるだけ多く適用されるべきであると考える。

その第1の理由に，過去の人権侵害や戦争犯罪の処理は，現在政治的要因が深くかかわっていることがあげられる。たとえば，東ティモールの独立闘争に関するインドネシアでの裁判がこのケースに適用される。インドネシア当局は，1999年東ティモールの住民投票期における人道上の犯罪を裁くために，国内の裁判であるアドホック法廷（the Ad Hoc Tribunal）を設立した。しかし，人権関連の国際NGOであるアムネスティ・インターナショナル（Amnesty International）とジャスティス・システム・モニタリング・プログラム（Justice System Monitoring Programme：JSMP）の合同による報告書『インドネシア，東ティモールの司法制度』（Indonesia, Justice for Timor-Leste）には，この国内裁判に関するさまざまな批判が指摘されている。それによるとインドネシアの司法制度は中央集権化が顕著であり，過度の階級制度が根づいており，強い軍事的影響を受ける文化をもち，職業意識や司法の独立性に欠け，根強い腐敗が依然として残っている，という。この傾向が，アドホック法廷にも顕著に見られた。つまり東ティモールのケースにおける調査や起訴を実行する決断は，政治的な理由で動機づけられており，裁判の独立性や中立性もまた政治的考察によって蔑ろにされていた。ジャカルタの法廷では，特に東ティモールからきた被害者としての証人への尋問は効果的で有効でもなく，脅迫的でさえあった。法廷の内部や周りの安全状況の問題により，証人も法廷に現れることを恐れることもあった[47]。しかし東ティモール政府もまたこの問題を重要視せず，インドネシアとの良好な外交関係の構築を優先した。これは東ティモールが，東南アジア諸国連合（ASEAN）に加盟することを望んでおり，その加盟が新しい独立国にとって大きな意義があるという認識に起因するところが大きい。

紛争後の国家構築期における戦争犯罪に国際法を適用すべき第2の理由として，市民戦争後の多民族国家の司法部門では民族的偏見が避けられないということが挙げられる。スブン・ガンナー・シモンセン（Sven Gunnar Simonsen）によると，先述したコソボのUNMIKでは，民族的偏見を受けがちな法律制定の過程において多大な困難に直面した。コソボでは，アルバニア人はかつて

ミロシェビッチの時代に仕えたセルビア人の裁判官に将来は裁かれること恐れ，セルビア人は新しい法的制度に疑惑の念をもっている。実際に，2000年の欧州安全保障協力機構（OSCE）の調査によると，コソボでは，裁判過程において裁判官と検察官の双方が少数派を不利にさせるような民族的偏見を導いている傾向が強くなっているという[48]。こうした状況では，少数派グループのための司法上の平等は，国際法によってのみ担保されることになる。これは，国家のすべてのコミュニティーにおける信頼醸成の過程において重要なことでもある。

第3番目の理由として，現在において人権侵害や戦争犯罪の問題を処理する適切な「世界の警察官」は見当たらないことがあげられる。政治大国は，この問題に対して「道徳的権力（moral power）」をもって常に主要な役割をしているとは限らないからである。たとえば，2005年5月，アフガニスタンのカルザイ大統領はキューバのグアンタナモ湾にあるアメリカの海軍基地[49]で拘束されているアフガニスタン人捕虜に対する扱いについてアメリカのブッシュ大統領と会談した。しかしながら，多くの国際法の専門家がグアンタナモで行われているアメリカ兵の戦争捕虜の拘束や扱いは国際法に違反するという見解であるにもかかわらず，アメリカのブッシュ大統領はアフガニスタンの捕虜をいつカブール政府に手渡す用意ができるのかを明白にしなかった[50]。同じようなケースとしてイラクのアブ・グレイブ刑務所におけるイラク人戦争捕虜に対する扱いがあげられる。そこではイラク人捕虜がアメリカおよびイギリス人兵士から，鞭打ち，睡眠妨害，感覚剥奪，強制裸身，等の人権侵害の扱いを受けている[51]。つまり，グアンタナモやイラクでは人間の安全保障が国家の安全保障の政策の犠牲になっているといえる。国連安全保障理事会の常任理事国が国際法を遵守しないのであれば，国連それ自身が人権問題により大きな権限をもつべきであり，国際法も平和国家構築ミッションにおける戦争犯罪の裁判に適用されるべきであろう。

実際に，国連は自らの人権委員会における根本的な改革を提唱している。国連のアナン事務総長は，国連人権高等弁務官事務所（Office of the UN High

Commissioner for Human Rights：OHCHR）が，現在わずかな予算と不十分な能力でフィールドでの人権問題を監視しなければならない状態であると訴えた。さらに，国連加盟国は人権問題を保護するためにほかの加盟国を監視あるいは助長する，という加盟国本来の責務を行うよりはむしろ，自らを人権問題の批判の対象から回避させ，また他国を批判することを躊躇する傾向にある。それゆえ，アナン事務総長は人権高等弁務官事務所を新たな「人権理事会（Human Rights Council）」に移行させることを提案した。この理事会のメンバーは国連総会から直接選ばれ，最も高水準な人権基準を設定するよう公約すべきであるとしている[52]。

7-4　結　論

　1960年代に遡る国連を通じた平和構築のミッションは，伝統的なPKOという枠を越え，今や国連の平和活動の中心的な存在になっている。アメリカ主導による力づくの平和創造や平和構築と比較しても国連平和構築は，それが道徳的な正統性に価値をおいている場合には，より積極的な役割を果たしうる。それゆえ1960年代以降，国連平和構築はそのマンデートを拡大しながら進化を遂げ，現在においては大規模なスケールの平和構築ミッションがアフリカ諸国を中心に展開されている。

　2000年における「ブラヒミレポート」や「国連ミレニアム宣言」では，紛争後の状況において人間の安全保障やその他人的関連の任務に焦点を当てる国連による平和構築ミッションに大きな価値を見出している。そうした動きと関連させ，本章では，紛争後の国家構築が成功するための鍵の1つに，現地の人々との間で信頼を醸成していくことの重要性を強調してきた。そこでは国連の平和構築ミッションにおいて信頼醸成を進めるために，オーナーシップ，供給主導の援助，そして司法の問題について指摘した。オーナーシップの問題は，コソボ，東ティモール，イラク，アフガニスタン等，近年に設立されたほとんどの平和構築ミッションにおいて指摘された。外部組織の過度な介入は平和構築

における信頼醸成に逆効果になりかねない。本章では,また,ドナーの一貫性に欠ける政策,「当該国が直面している問題の重要度」と「支援・援助の必要性」のギャップ,またドナー同士の連携や調整の欠如についても言及し,それらが信頼醸成活動に負の効果を生み出していると指摘した。このような供給主導の戦略は見直されるべきであり,受益者主導の援助の形態に移行すべきである。また司法の問題においては,政治的要素,実用主義的政策,民族的偏見が平和構築における司法および裁判の過程に悪影響を与えていることが確認された。それゆえ,司法面の信頼醸成の向上のために,国際的な法的枠組みについてよりいっそうの検討を推し進める必要がある。

　人的側面における信頼醸成を高めていくことは,紛争後の国連ミッションにおいて新しい取り組みであり,さらに大きな枠組みで考えれば,持続可能な開発の新たな展開といえる。とりわけ平和構築ミッションにおいては,「ミレニアム宣言」が出され,「人間の安全保障」の考え方により大きな価値が見出されて以来,この信頼醸成は最も重要な課題のひとつであるといえる。この平和構築が理想主義に向けての取り組みであれば,「理想主義の理想」を目指す国際連合は,道徳的権威（a moral authority）としてこの問題に関して主導的な役割を果たすことが期待される。

【注】

(1) Durch W., "UN Temporary Executive Authority", in Durch, William (ed.), *The Evolution of UN Peacekeeping* (New York : St. Martin's Press, 1993), p. 285.
(2) UN Document A/47/277-S/24111, *An Agenda for Peace : Preventive diplomacy, peacemaking and peace-keeping*, 17 June 1992, para. 55.
(3) Schnabel A., "Post-Conflict Peacebuilding and Second-Generation Preventive Action", *International Peacekeeping*, Vol. 9, No. 2, Summer 2002, p. 20.
(4) Chandler D., "The People-Centred Approach to Peace Operations : The New

第 7 章　平和維持活動（peacekeeping）から平和構築（peace-building）へ　181

UN Agenda", *International Peacekeeping*, Vol. 8, No. 1, Spring 2001, p. 4.
(5) Ogata S., "Human Security Now", Remarks by Sadako Ogata, Fifth Ministerial Meeting of the Human Security Network, Graz, Austria, 8 May 2003.
(6) Collier P., *Breaking the Conflict Trap : Civil War and Development Policy* (Washington D. C. : World Bank, 2003).
(7) Tschirgi N., "Post-Conflict Peacebuilding Revisited : Achievements, Limitations, Challenges", presentation paper for the WSP International/IPA Peacebuilding Forum Conference, 7 New York, October 2004, pp. 10-12.
(8) Peou S., "The UN, Peacekeeping and Collective Human Security : From *An Agenda for Peace to the Brahimi Report*", *International Peacekeeping*, Vol. 9, No. 2, Summer 2002, p. 61.
(9) Berdal M., "The UN after Iraq", *Survival*, Vol. 46, No. 3, Autumn 2004, pp. 84-89.
(10) *Ibid.*, pp. 87-88.
(11) Chesterman S., Ignatieff M., and Thakur R., "Making States Work : From State Failure to State-Building", Joint working paper by the International Peace Academy and the United Nations University, New York, July 2004, p. 15.
(12) Dobbins J., "The UN's Role in Nation-building : From the Belgian Congo to Iraq", *Survival*, Vol. 46, No. 4, Winter 2004-5, pp. 86-97.
(13) UN Document A/47/277-S/24111, *An Agenda for Peace : Preventive diplomacy, peacemaking and peace-keeping*, 17 June 1992, paras. 55-59.
(14) UN Document A/55/305-S/2000/809,*Identical letters dated 21 August 2000 from the Secretary-General to the President of the General Assembly and the President of the Security Council*, 21 August 2000, para. 47.
(15) UN Document A/RES/55/2, *United Nations Millennium Declaration*, 18 September 2000, para. 9.
(16) *Ibid.*, para. 29.
(17) UN Documment A/59/565 *Report of the Secretary-General's High-level Panel on Threats, Challenges and Change*, 2 December 2004, para. 261-265. Annan

K., "In Larger Freedom : Decision Time at the UN", *Foreign Affairs*, May/June 2005, p. 68.
(18) *International Herald Tribune*, 22 December 2005.
(19) Richmond O., "UN Peace Operations and the Dilemmas of the Peacebuilding Consensus", *International Peacekeeping*, Vol. 11, No. 1, Spring 2004, p. 92.
(20) A High Level Workshop, "State-Building and Strengthening Civilian Administration in Post-Conflict Societies and Failed States", Crisis Management Initiative, New York, June 21 2005.
(21) Fukuyama F., "Stateness First", *Journal of Democracy*, Vol. 42, No. 3, Autumn 2000, p. 32.
(22) Chandler D., "Imposing the 'Rule of Law' : The Lessons of BiH for Peacebuilding in Iraq", *International Peacekeeping*, Vol. 11, No. 2, Summer 2004, pp. 314-315.
(23) Del Re E., "When Men Arrive : UNMIK's Post-Conflict Administration of Kosovo" in Siani-Davies P. (ed.) *International Intervention in the Balkans since 1995*, New York : Routledge, 2003, p. 93.
(24) *Ibid.*, p. 94.
(25) Chesterman S., "Tiptoeing Through Afghanistan : The Future of UN State-Building", Working Paper, International Peace Academy, September 2002, p. 4.
(26) A High Level Workshop, "State-Building and Strengthening Civilian Administration in Post-Conflict Societies and Failed States", Crisis Management Initiative, New York, June 21 2005.
(27) Zakhilwal O., "State-building in Afghanistan : A Civil Society Approach", Economic Reform Future Service, Center for International Private Enterprise (CIPE), April 7 2005, p. 3.
(28) Pugh M., "Introduction : The Ownership of Regeneration and Peacebuilding" in Pugh M. (ed.), *Regeneration of War-Torn Society* (London : Macmillan, 2000), p. 4.
(29) *Ibid.*
(30) Bellamy A., William P., and Griffin S., *Understanding Peacekeeping*

(Cambridge : Polity, 2004), p. 127.
(31) Annan K., p. 30.
(32) Chesterman S., "Tiptoeing Through Afghanistan : The Future of UN State-Building", p. 10.
(33) Chesterman S., Ignatieff M., and Thakur R., "Making States Work : From State Failure to State-Building", p. 13.
(34) Ropers N., "Enhancing the Quality of NGO Work in Peacebuilding" in Reychler L. and Paffenholz T. (eds.), *Peace-building : A Field Guide* (Boulder : Lynne Rienner, 2001), pp. 520-525.
(35) Chesterman S., "Tiptoeing Through Afghanistan : The Future of UN State-Building", pp. 8-9.
(36) Anderson M., "Enhancing Local Capacity for Peace : Do No Harm" in Reychler L. and Paffenholz T. (eds.), *Peace-building : A Field Guide* (Boulder : Lynne Rienner), 2001, p. 259.
(37) Pearce J., "Peace-building in the Periphery : Lessons from Central Africa", *The Third World Quarterly*, Vol. 20, No. 1, 1999, p. 57.
(38) Chesterman S., "Walking Softly in Afghanistan : the Future of UN State-Building", *Survival*, Vol. 44, No. 3, Autumn 2002, p. 39.
(39) 日本外務省 総合外交政策局 国連政策課『紛争予防：その現実と未来』2005年3月, pp. 10-11.
(40) Paris R., *At War's End : Building Peace After Civil Conflict* (Cambridge : Cambridge University Press), 2004, p. 19.
(41) Richmond O., p. 88.
(42) Paris R., "Peacebuilding in Central America : Reproducing the Sources of Conflict?", *International Peacekeeping*, Vol. 9, No. 4, Winter 2002, pp. 60-61.
(43) *International Herald Tribune*, 25 May 2005.
(44) Newman E., "Transitional Justice : The Impact of Transitional Norms and the UN", *International Peacekeeping*, Vol. 9, No. 2, 2002, pp. 38-40.
(45) Newman E., p. 35.
(46) Punkhurst D., "Issues of Justice and Reconciliation in Complex Political Emergencies : Conceptualising Reconciliation, Justice and Peace", *Third World*

  Quarterly, Vol. 20, No. 1, 1999, p. 246.
(47) Amnesty International & Justice System Monitoring Programme, Indonesia, *Justice for Timor-Leste: The Way Forward*, 1 April, 2004, pp. 30–41.
(48) Simonsen S. G., "Nationbuilding as Peacebuilding: Racing to Define the Kosovar", *International Peacekeeping*, Vol. 11, No. 2, Summer 2004, p. 301.
(49) 2002年1月、アメリカ政府はアフガニスタンにおける軍事介入の際に拘束した捕虜を、キューバのグアンタナモ米軍基地にて拘留し始めた。拘留者は、44カ国から総数700名にまで上るとされている。グアンタナモ米軍基地はアメリカ司法当局の管轄権外であるために対タリバン戦争における捕虜の拘留所として意図的に選択された。Human Rights Watch Report, *The Road to Abu Ghraib*, June 2004, p. 5.
(50) *International Herald Tribune*, 25 May 2005.
(51) Human Rights Watch Report, *The Road to Abu Ghraib*, June 2004, p. 1.
(52) Annan K., p. 70.

おわりに

　本書は「国連 PKO」について主たる焦点を当ててきた。本書を書き終え，この国連 PKO について感じるものは大きく 2 つある。それは「国連 PKO は進化している」ということと「国連 PKO は過去の事例を教訓にして，これからも発展しなければならない」ということである。

　本書は国連 PKO の理論的な側面をその専門家の書物やインタビューをもとにして論じてきた。国連 PKO は，東西冷戦の時代に国連安全保障理事会の常任理事国を主導とした集団安全保障体制からなる国連軍構想の挫折から考案された，いわば時代が要請した国際紛争解決手段である。しかしこの PKO に対して，我々は現在に至るまで実にさまざまな批判や試行錯誤を繰り返してきた。「PKO は国連が組織している活動であるから，どのような紛争にも対応できるのではないか」という過大評価や，「PKO は紛争状態を一時凍結させているだけではないか」という過小評価も受けてきた。また冷戦中は，PKO は実質「西側諸国の活動」であり，東側諸国にとっては排他的活動であったと批判されても致し方なかった。「当事者の合意」「中立」「最小限の武装」という国連 PKO の 3 原則の維持は，東西冷戦後に起きた限られた国家や武装集団の非人道的行為によって危ぶまれた。この 3 原則の維持の重要性は再認識させられたものの，21 世紀の国連 PKO の活動は「より強健」になっていくことも必要になってくるであろう。しかしただ強健であるだけでなく，国連のもつ「道徳的権威者」というアイデンティティーとのバランスも考慮しなければならない。国際紛争を解決するために直接介入するのは国連だけではない。特に昨今の NATO やアフリカ連合（AU）といった地域機構の活躍には目を見張るものがある。国連はこのような地域機構との連帯を一層強化していく必要がある。その一方で，ポスト冷戦期における宗教・民族紛争の多発による外部の介入の必

要性の増大，「ブラヒミレポート」による PKO 改革の提言，さらには「人間の安全保障」や「保護する責任」の概念の主流化によって，いわば「PKO 熱」による PKO の数が増大した。この PKO の過剰展開は国連の能力を超えるものであり，PKO 派遣の迅速性や PKO 活動の内容にも影響を及ぼした。

　国連 PKO に関する最も顕著な進化は，東西冷戦後における軍人主体の伝統的な PKO から平和構築という「1 国家を構築する」という文民を含んだ包括的な PKO に移行したということであろう。これは冷戦直後の国際社会の混乱のなかで秩序を失い，多くの国家が内戦に巻き込まれ，国家そのものが崩壊してしまったこと。アメリカのような大国は，冷戦後において小国を「養う」必要性が減少し，よってその崩壊国家の再構築に対して国連に白羽の矢が向けられたこと。そして国連も UNHCR，UNDP，WFP 等の国家構築をするうえでの国連機関を擁しており，PKF と共に包括的な平和構築活動をするキャパシティーを有していたこと。以上のような背景の下に国連平和構築が国連ミッションの中心となっていった。

　本書の前半には，国際政治理論として現実主義と理想主義を紹介し，後半においてはその理論を念頭に置き国連 PKO をさまざまな角度から論じてきた。それでは国連 PKO は，現実主義的な活動であったのか，それとも理想主義的な活動であったのか。

　そもそも国連 PKO は，「理想主義の理想」をめざす国際連合の活動の 1 つであり，よって当然国連 PKO の根底は理想主義であるはずである。実際に国連 PKO が設立した背景も冷戦時代の超大国主導の集団安全保障体制が機能しなかったことからはじまっている。現実主義に基づく軍事力で紛争を解決しようとする国連憲章 7 章も実際は適用されることは，朝鮮戦争を例外としても，まったくといっていいほどなかったのである。よって大国の「力」を重視するのではなく，中規模国家や小国が紛争後に停戦監視をするという，国連憲章 6 章に基づいた平和的解決を目指した国連 PKO は当時の国際社会に広く受け入れられたのである。国連憲章 7 章の基づく活動が現実主義的活動であり，6 章に基づく活動が理想主義的活動であるというのなら，「国連憲章 6 章」あるい

は「せいぜい6章半」の活動といわれるPKOは，概念上はやはり理想主義的な活動であるといえる。何よりも「当事者の合意」「中立」「最小限の武装」という国連PKOの3原則は，現実主義的な性格とは相容れないものである。そして何よりもこのような理想主義に基づく国連PKOが，現在の国連の主要活動であるのみならず，現在の国際紛争解決のための重要な手段であることを鑑みれば「国連PKO＝理想主義」という図式に多大な正当性をもつことがいえよう。

　しかし国連PKOの活動は，国連加盟国から拠出される予算で賄われており，また加盟国から派遣される要員によって活動されている。よってその加盟国が現実主義的な政策を強く打ちだす国家が多ければ，国連PKOも必然的に現実主義の色彩が強くなっていく。たとえば第4章でも述べたように，冷戦時代においてソ連とその衛星国たる東欧諸国が，PKOの分担金の支払いを拒否したことがあった。その理由は，PKOがその当時西側諸国の活動であり東西冷戦の枠組みに組み入れられていたからである。「中立」をPKOの主要原則に入れながらも，実際のPKOは現実主義的な意味合いの強い活動であったと裏づけられる。また本書の第5章でみられるように，国連加盟国がPKOに参加する際の理由はさまざまであっても，その参加理由の多くは自国の国益を常に念頭においてのものであった。またポスト冷戦期のPKOにおいては，その需要が急激に増大したことを認めることができても，その数ある国連・非国連PKOの中で，多くの西欧諸国は彼らにとって比較的国益の少ないアフリカ諸国における国連PKOへの参加は回避した。彼らの多くは，経済的利益の多い中東での国連PKOや，自国の安全保障に影響を与えかねない対テロ戦争に導く可能性のあるアフガニスタンや，同じヨーロッパ内の旧ユーゴへの紛争解決に多大なエネルギーを費やしている。一方現在における発展途上国による国連PKOへの参加は，兵士が国連PKOから多大な手当をもらえるからという財政的な要因が多いことも認識される。ドイツや日本の国連PKO参加の背景には，国連安全保障理事会の常任理事国を目指すという思惑があった。グローバルな視野を持ち国際安全保障体制の構築を目指した超大国アメリカでさえ，国

連PKOに対しては一時的には熱狂的な支持者になったが，アメリカのソマリアPKOへの介入の失敗により，その後は「国益重視」のPKO政策に変貌した。第7章においては，これからの国連ミッションは，人的側面を重視する平和構築が主流なると述べたが，その内容は「オーナーシップの欠如」や「供給者主導の活動」の傾向が強く，援助側の利益が依然色濃く残されている。

　このように国連PKOや平和構築においては，その根底では理想主義が主流をなし，理想主義の主役としての活動がなされる努力が認識されたが，その活動においては現実主義的な側面も多分に見受けられた。

　しかしだからといって国連PKOにおいては現実主義が主流になっているとはいい難い。第2章で述べたように，現在の国際社会には理想主義に基づいた「人間の安全保障」「人道的介入」さらには「保護する責任」などの概念が広く支持を受けているが，国連PKOもその概念を前向きに受け止め，その活動数や活動内容に影響を与えていることを本書では述べた。第6章の日本のPKO政策において，日本の現実主義的な背景で参加した国連PKOでは，日本人PKO要員の数々の実務的な問題が露呈され，PKOというものは貢献国ではなく受入国家の立場に立った活動が要求されることが教訓として学ばれた。これはPKO参加においては，国益のみを考えた現実主義の限界を認識させるものであった。同様に第4章で述べたように，筆者が体験した東ティモールのPKO活動においては，平和維持隊（PKF）の立場からみるとその活動は利他的であり，純粋に理想主義の立場からの活動であった。

　さらに国連PKOにおいて現実主義の傾向がさらに強まり，活動そのものが軍事的色彩が強すぎるものになったらどうなるであろうか。結論づけるのは時期尚早かもしれないが，アフガニスタンの重装備の平和ミッションであるISAFが現在大きな成果が上がっていないように，国連PKOにおいても軍事的強制能力を過大に期待することには懸念が残る。

　このように国連PKOは，派遣国家側からの立場では必然的に現実主義寄りになるものの，活動側からの見地では理想主義なのであった。そして理想主義に基づく国連PKOが高いレベルで機能するには，今まで養ってきた国連

PKOの活動のなかから，現実主義に基づく自己中心的な国家の政策を最小限にする努力が必要となろう。そしてなによりも国連PKOに関与する国際社会全体が，国連PKOがもつ原則や国連全体がもつ道徳的権威を尊重し，国際平和に向けての各々の役割を真摯に受け止める必要があろう。

　繰り返すが，国連PKOは過去の事例を教訓にして，これからも発展しなければならない。この国連PKOに対してこれからも大きな関心と期待を込めて本書の結びとしたいと思う。

省略形一覧

〔A〕
ASEAN: Association of South-East Asian Nations（東南アジア諸国連合）
AU: African Union（アフリカ連合）

〔C〕
CIA: Central Intelligence Agency（アメリカ中央情報局）
CIS: Commonwealth of Independent States（独立国家共同体）
COP: Conference of the Parties〔(国連気候変動枠組み条約) 締約国会議〕
CPA: Coalition Provisional Authority（連合国暫定当局）
CSR: Corporate Social Responsibility（企業の社会的責任）

〔E〕
EAEC: East Asia Economic Caucus（東アジア経済協議体）
EC: European Community（ヨーロッパ共同体）
ECA: United Nations Economic Commission for Africa（アフリカ経済委員会）
ECE: United Nations Economic Commission for Europe（欧州経済委員会）
ECLAC: United Nations Economic Commission for Latin America and the Caribbean（ラテンアメリカ・カリブ経済委員会）
ECOMOG: The Economic Community of Western States Monitoring Group（西アフリカ諸国平和維持軍）
ECOWAS: The Economic Community of West African States（西アフリカ諸国経済共同体）
ECSC: European Coal and Steel Community（ヨーロッパ石炭鉄鋼共同体）
EEC: European Economic Community（ヨーロッパ経済共同体）
ERRF: European Rapid Reaction Force（ヨーロッパ迅速展開軍）
ESCAP: United Nations Economic and Social Commission for Asia and the Pacific（アジア太平洋経済社会委員会）
ESCWA: United Nations Economic and Social Commission for West Asia（西アジア経済社会委員会）

ETTA : The East Timorese Transitional Administration（東ティモール暫定統治機構）
EU : European Union（ヨーロッパ共同体）
EURATOM : European Atomic Energy Community（ヨーロッパ原子力共同体）

〔I〕
IADB : Inter-American Development Bank（米州開発銀行）
ICISS : International Commission on Intervention and State Sovereignty（介入と国家主権についての国際委員会）
IFOR : Implementation Force（平和履行軍）
IMF : International Monetary Fund（国際通貨基金）
IRA : Irish Republican Army（アイルランド共和軍）
ISAF : International Securities Assistance Force（国際治安支援部隊）

〔J〕
JICA : Japan International Cooperation Agency（国際協力機構）

〔K〕
KFOR : Kosovo Force（コソボ治安維持部隊）

〔M〕
MFO : Multinational Force and Observers（多国籍監視団）
MINURSO : United Nations Mission for the Referendum in Western Sahara（国連西サハラ住民投票監視団）
MINUSTAH : United Nations Stabilization Mission in Haiti（国連ハイチ安定化ミッション）
MNF : Multi-National Force（多国籍軍）
MONUC : United Nations Mission in the Democratic Republic of Congo（国連コンゴ民主共和国ミッション）

〔N〕
NATO : North Atlantic Treaty Organization（北大西洋条約機構）
NGO : Non-Governmental Organizations（非政府組織）
NSP : National Solidarity Programme（国家結束プログラム）

〔O〕
OAS : Organization of American States（米州機構）
ODA : Official Development Assistance（政府開発援助）

OHCHR : Office of the United Nations High Commissioner for Human Rights（国連人権高等弁務官事務所）
ONUB : United Nations Operation in Burundi（国連ブルンジ活動）
ONUC : Operationdes Nations Uniesaus Congo（コンゴ国連軍）
ONUCA : UN Observer Group in Central America（国連中米監視団）
ONUMOZ : Operations des Nations Unie au Mozambique（国連モザンビーク活動）
ONUSAL : UN Observer Mission in El Salvador（国連エルサルバドル監視団）
OSCE : The Organization for Security and Co-operation in Europe（欧州安全保障協力機構）

〔P〕
PDD 25 : Presidential Decision Directive 25（アメリカ大統領決定指令 25 号）
PKF : Peacekeeping Force（平和維持隊）
PKO : Peacekeeping Operations（平和維持活動）
PRD 13 : Policy Review Document（アメリカ大統領政策再検討指令 13 号）

〔R〕
RPF : Rwandan Patriotic Front（ルワンダ愛国戦線）

〔S〕
SFOR : Stabilization Force（平和安定化軍）

〔T〕
TRC : The Truth Reconciliation Commission（真実和解委員会）

〔U〕
UN : United Nations（国際連合）
UNAMA : United Nations Assistance Mission in Afghanistan（国連アフガニスタン支援ミッション）
UNAMIH : United Nations Mission in Haiti（国連ハイチ監視団）
UNAMIR : United Nations Assistance Mission in Rwanda（国連ルワンダ支援団）
UNAMSIL : United Nations Mission in Sierra Leone（国連シエラレオネ派遣団）
UNAVEM III : United Nations Angola Verification Mission III（第 3 次国連アンゴラ監視団）
UNDOF : United Nations Disengagement Observer Force（国連兵力引き離し監視団）
UNDP : United Nations Development Programme（国連開発計画）
UNEF I : United Nations Emergency Force I（第 1 次国連緊急隊）

UNEF II : United Nations Emergency Force II（第2次国連緊急隊）
UNFICYP : United Nations Peacekeeping Force in Cyprus（国連キプロス平和維持隊）
UNHCR : United Nations High Commission for Refugees（国連難民高等弁務官事務所）
UNIFIL : United Nations Interim Force in Lebanon（国連レバノン暫定隊）
UNIKOM : United Nations Iraq Kuwait Observer Mission（国連イラク・クウェート監視団）
UNIPOM : United Nations India Pakistan Observation Mission（国連インド・パキスタン監視団）
UNITAF : Unified Task Force（ソマリア統一機動軍）
UNMIK : United Nations Interim Administration Mission in Kosovo（国連コソボ暫定行政ミッション）
UNMIL : United Nations Mission in Liberia（国連リベリアミッション）
UNMISET : United Nations Mission of Support in East Timor（国連東ティモール支援ミッション）
UNMIT : United Nations Integrated Mission in Timor-Leste（国連東ティモール統合ミッション）
UNMO : United Nations Military Observers（国連軍事監視団）
UNMOGIP : United Nations Military Observer Group in India and Pakistan（国連インド・パキスタン軍事監視団）
UNMOT : United Nations Mission of Observer in Tajikistan（国連タジキスタン監視団）
UNOCI : United Nations Operation in Cote d'Ivoire（国連コートジボワール活動）
UNOGIL : United Nations Observation Group in Lebanon（国連レバノン監視団）
UNOMIG : United Nations Observer Mission in Georgia（国連グルジア監視団）
UNOMIL : United Nations Observer Mission in Liberia（国連リベリア監視団）
UNOSOM II : United Nations Operations in Somalia II :（第2次国連ソマリア活動）
UNOTIL : United Nations Office in Timor-Leste（国連東ティモール事務所）
UNPROFOR : United Nations Protection Force（国連保護隊）
UNTAC : United Nations Transit Authority in Cambodia（国連カンボジア暫定統治機構）
UNTAET : United Nations Transitional Administration in East Timor（国連東ティモール暫定統治機構）
UNTAG : United Nations Transition Assistance Group（国連ナミビア独立支援グループ）
UNTEA : United Nations Temporary Executive Authority（国連暫定行政機構）
UNTSO : United Nations Truce Supervision Organization（国連休戦監視機構）

USAID : US Agency for International Development（米国国際開発庁）

〔W〕
WFP : The United Nations World Food Programme（国連世界食糧計画）
WTO : World Trade Organization（世界貿易機関）

参考文献

和文文献

アエラムック『新国際関係学がわかる』朝日新聞社, 1999 年。
家正治, 川岸繁雄, 金東勲 (編)『国際機構 (第三版)』世界思想社, 1999 年。
池上彰『そうだったのか！ 現代史』集英社, 2000 年。
内田孟男 (編)『地球社会の変容とガバナンス』中央大学出版部, 2010 年。
江畑健介『軍事力とは何か』講談社, 1994 年。
川端清隆, 持田繁『PKO 新時代』岩波新書, 1997 年。
香西茂『国連の平和維持活動』有斐閣, 1991 年。
国際連合広報センター (編)『国際連合の基礎知識』財団法人世界の動き社, 1991 年。
古藤晃『世界の紛争ハンドブック』研究社, 2002 年。
神余隆博『新国連論』大阪大学出版会, 1995 年。
高井晋『国連 PKO と平和協力法』真正書籍, 1995 年。
日本外務省 総合外交政策局 国連政策課『紛争予防：その現実と未来』2005 年。
日本国際連合学会 (編)『持続可能な開発の新展開』国連研究第 7 号, 2006 年。
毎日新聞社外信部 (編著)『世界の紛争がよくわかる本』東京書籍, 1999 年。
前田哲男『検証 PKO と自衛隊』岩波書店, 1996 年。
水野均『海外非派兵の論理』新評論, 1997 年。
最上俊樹『国連とアメリカ』岩波新書, 2005 年。
百瀬宏『国際関係学原論』岩波書店, 2003 年。
読売新聞, 2001 年 10 月 31 日。
読売新聞, 2001 年 12 月 7 日。
読売新聞, 2001 年 12 月 29 日。

英文文献

Albright M. K., Lake A. and Lieutenant General Clark W., *Executive Summary : The Clinton Administration's Policy on Reforming Multilateral Peace Operations*, 5 May 1994.

Amnesty International & Justice System Monitoring Programme, Indonesia, *Justice for Timor-Leste: The Way Forward*, 1 April, 2004.

Annan K., "Peace Operations and the United Nations: Preparing for the Next Century", An unpublished paper, New York, February 1996.

Annan K., "UN Peacekeeping Operations and Cooperation with NATO", *NATO Review*, Vol. 41, No. 5, October 1993.

Austria Documentation, *In the Service of Peace: 35 years of Austrian participation in UN peace operations*, Vienna, the Federal Press Service, 1995.

Bellamy A., William P. and Griffin S., *Understanding Peacekeeping* (Cambridge: Polity, 2004).

Berdal M., "The UN after Iraq", *Survival*, Vol. 46, No. 3, Autumn 2004.

Bullion A., "India and UN Peacekeeping Operations", *International Peacekeeping*, Vol. 4, No. 1, Spring 1997.

Burchill S. (eds.), *Theories of International Relations* (New York: Palgrave, 2001).

Burns E. L. M., "The Withdrawal of UNEF and the Future of Peacekeeping", *International Journal*, Vol. 23, Part 1, 1967.

Center on International Cooperation at New York University, *Annual Review of Global Peace Operations 2007: Briefing Paper*, New York University.

Center on International Cooperation at New York University, *Annual Review of Global Peace Operations 2009: Excerpted Form*, New York University.

Chandler D., "Imposing the 'Rule of Law': The Lessons of BiH for Peace-building in Iraq", *International Peacekeeping*, Vol. 11, No. 2, Summer 2004.

Chandler D., "The People-Centred Approach to Peace Operations: The New UN Agenda", *International Peacekeeping*, Vol. 8, No. 1, Spring 2001.

Chesterman S., "Tiptoeing Through Afghanistan: The Future of UN State-Building", Working Paper, International Peace Academy, September 2002.

Chesterman S., "Walking Softly in Afghanistan: the Future of UN State-Building", *Survival*, Vol. 44, No. 3, Autumn 2002.

Chesterman S., Ignatieff M. and Thakur R., "Making States Work: From State Failure to State-Building", Joint working paper by the International Peace Academy and the United Nations University, New York, July 2004.

Childers E., "Peacekeeping's Great Power Handicap", *War Report*, Issue 28, September 1994.

Chuma K., "The Debate over Japan's Participation in Peace-keeping Operations", *Japan Review of International Affairs*, Autumn 1992.

Collier P., *Breaking the Conflict Trap: Civil War and Development Policy* (Washington D. C.: World Bank, 2003).

Cordier A. W. and Foote W. (eds.), *The Public papers of the Secretary-General of*

the United Nations, Vol. 5 : Dag Hammarskjold 1958-1960 (New York : Columbia University Press, 1974).
Cox A. M., Prospect for Peacekeeping (Washington D. C. : The Brooking Institution, 1967).
Cox D. and Legault A. (eds.), UN Rapid Reaction Capabilities : Requirements and Prospects (Clementsport : The Canadian Peacekeeping Press, 1995).
Crow S., "Russian Seeks Leadership in Regional Peacekeeping", International Relations, Vol. 1, No. 37, 18 September 1992.
Curtis W., "The Inevitable Slide into Coercive Peacemaking : The UN Role in the New World Order", Defence Analysis, Vol. 10, No. 3, 1994.
Dairy Yomiuri, 12 February 1992.
Diehl P. F., International Peacekeeping (Baltimore and London : The John Hopkins University Press, 1993).
Dobbins J., "The UN's Role in Nation-building : From the Belgian Congo to Iraq", Survival, Vol. 46, No. 4, Winter 2004-5.
Dobson H., Japan and United Nations Peacekeeping (London : Routledge Curzon, 2003).
Doxford C. F., "United Nations Peace-Keeping Operations : Problems and Uncertainties", Australian Outlook, Vol. 22, Part 1, 1968.
Doyle M., Ways of War and Peace (New York : W.W. Norton & Company, 1997).
Durch J. W. (ed.), The Evolution of UN Peacekeeping (New York : St. Martin, 1993).
Egerton G., "Lester B. Pearson and Korean War : Dilemmas of Collective Security and International Enforcement in Canadian Foreign Policy, 1950-53", International Peacekeeping, Vol. 4, No. 1, Spring 1997.
Fabian L. L., Soldiers without Enemies (Washington D. C. : The Brooking Institute, 1971).
Fetherson A. B., Toward a Theory of United Nations Peacekeeping (London : Macmillan, 1994).
Findlay T. (ed.), Challenges for the New Peacekeepers (Solona, Sweden : Stockholm International Peace Research Institute, 1996).
Finger S. M., "Breaking the Deadlock on UN Peacekeeping", Orbis, Vol. 17, Part 2, 1973.
Forsythe D. P., "United Nations Intervention in Conflict Situations Revisited : A Framework for Analysis", International Organization, Vol. 23, No. 1, Winter 1969.
Fukuyama F., "Stateness First", Journal of Democracy, Vol. 42, No. 3, Autumn 2000.

Goodrich L., *The United Nations* (London : Steven and Sons, 1960).
Goulding M., "The Use of Force by the United Nations", *International Peacekeeping*, Vol. 3, No. 1, Spring 1996.
Gowan R., "The Future of Peacekeeping Operations : Fighting Political Fatigue and Overstretch", Friedrich Ebert Stiftung Briefing Paper 3, The Century Foundation, March 2009.
Gowan R., "The Strategic Context : Peacekeeping in Crisis, 2006-08", *International Peacekeeping*, Vol. 15, No. 4, August 2008.
Groom A. J. R., "Peacekeeping : Perspectives and Progress", *International Affairs*, Vol. 47, No. 2, April 1971.
Harbottle M., "The October Middle East War : Lesson for UN Peacekeeping", *International Affairs*, Vol. 50, No. 4, October 1974.
Hassan M. J., "Malaysia in 1995", *Asian Survey*, Vol. 36, No. 2, February 1996.
Hiscocks R., *The Security Council* (London : Longman, 1973).
Hoffman S., "The Politics and Ethics of Military Intervention," *Survival*, Vol. 37, No. 4, Winter 1995-96.
Holmes J. W., "The Political and Philosophical Aspects of UN Security Forces", *International Journal*, Vol. 19, Part 3, 1964.
Human Rights Watch Report, *The Road to Abu Ghraib*, June 2004.
International Herald Tribune, 25 May 2005.
International Herald Tribune, 22 December 2005.
International Peace Academy, *Peacekeeper's Handbook*, New York 1978.
Ishizuka K., "Peacekeeping Operations after September 11th", *The Newsletter of the British International Studies Association* (BISA, Britain), No. 74, July 2002.
Ishizuka K., "A Japanese Perspective to the UN Peacekeeping Operations", unpublished MA dissertation, Department of Politics, University of Nottingham, September 1996.
James A., *Comparative Aspects of Peacekeeping, The Dispatching End? The Receiving End*, a paper written for National Center for Middle East Studies, Cairo and the Jeffee Center for Strategic Studies, Tel Aviv University, 1995.
James A., *Politics of Peacekeeping* (London : Chatto and Windus, 1969).
James A., "The UN Force in Cyprus", *International Affairs*, Vol. 65, No. 3, Summer 1989.
Japan Times, 4 January 1993.
Japan Times, 8 December 2001.
Johnson J. E., "The Soviet Union, the United States and International Security", *International Conciliation*, February 1949.
Jonah J. O. C., "The Sinai Peacekeeping Experience : a Verification Paradigm for

Europe" in *World Armaments and Disarmament, SIPRI Yearbook 1985* (London : Tailor and Francis, 1985).

Khrushchev N., "On Peaceful Coexistence", *Foreign Affairs*, Vol. 38, No. 1, October 1959.

Lash J. P., *Dag Hammarskjold* (London : Cassell and Company, 1961).

Lefever E. W., "The Limit of UN Intervention in the Third World", *Review of Politics*, Vol. 30, Part 1, 1974.

Livingstone G. A., *Canada's policy and attitudes towards United Nations peacekeeping, 1954-1964, with specific reference to participation in the forces sent to Egypt (1956), the Congo (1960) and Cyprus (1964)*, PhD thesis in the Department of International Relations, the University of Keele, 1995.

Mackenzie L., "Military Realities of UN Peacekeeping Operations", A presentation paper to Royal United Service Institute for Defence Studies (RUSI), 9 December 1992.

Mainichi Daily News, 20 October 1991.

Malone D. M., "The UN Security Council in the Post-Cold War World : 1987-97", *Security Dialogue*, Vol. 28, No. 4, 1997.

Morrison A., Fraser D. A. and Kiras J. D. (eds.), *Peacekeeping with Muscle : the Use of Force in International Conflict Resolution* (Clementsport : The Canadian Peacekeeping Press, 1997).

Neadler M. C. (ed.), *Dimension of American Foreign Policy? Reading and Documents* (Princeton : D. Van Nostrand, 1966).

Newman E., "Transitional Justice : The Impact of Transitional Norms and the UN", *International Peacekeeping*, Vol. 9, No. 2, 2002.

Paris R., *At War's End : Building Peace After Civil Conflict* (Cambridge : Cambridge University Press), 2004.

Paris R., "Peacebuilding in Central America : Reproducing the Sources of Conflict?", *International Peacekeeping*, Vol. 9, No. 4, Winter 2002.

Pearce J., "Peace-building in the Periphery : Lessons from Central Africa", *The Third World Quarterly*, Vol. 20, No. 1, 1999.

Pearson L. B., "Force for UN", *Foreign Affairs*, Vol. 35, No. 3, April 1957.

Pearson L., *Memoirs Volume II 1948-57* (London : Victor *Gollancz, 1974)*.

Peou S., "The UN, Peacekeeping and Collective Human Security : From *An Agenda for Peace to the Brahimi Report*", *International Peacekeeping*, Vol. 9, No. 2, Summer 2002.

Pugh M. (ed.), *Regeneration of War-Torn Society* (London : Macmillan, 2000).

Punkhurst D., "Issues of Justice and Reconciliation in Complex Political Emergencies : Conceptualising Reconciliation, Justice and Peace", *Third World*

Quarterly, Vol. 20, No. 1, 1999.
Reychler L. and Paffenholz T. (eds.), *Peace-building: A Field Guide* (Boulder: Lynne Rienner, 2001).
Richmond O., "UN Peace Operations and the Dilemmas of the Peacebuilding Consensus", *International Peacekeeping*, Vol. 11, No. 1, Spring 2004.
Roberts A., "From San Francisco to Sarajevo: The UN and the Use of Force", *Survival*, Vol. 37, No. 4, Winter 1995-96.
Roberts A., "The Crisis in UN Peacekeeping," *Survival*, Vol. 36, No. 3, Autumn 1994.
Robinson D. and Groves J., *Introducing Political Philosophy* (Cambridge: Icon Books, 2003).
Rothwell R. B., "UN Peacekeeping and Foreign Policy", *Marine Corps Gazette*, Vol. 58, Part 12, 1974.
Rudzingski A., "The Influence of the UN on Soviet Policy", *International Organization*, May 1951.
Ruggie J. G., "Peacekeeping and US Interests", *The Washington Quarterly*, Autumn 1994.
Schnabel A., "Post-Conflict Peacebuilding and Second-Generation Preventive Action", *International Peacekeeping*, Vol. 9, No. 2, Summer 2002.
Schou A. and Brund A. O. (eds.), *Small States in International Relations* (Stockholm: Almqvist and Wiksell, 1971).
Siani-Davies P. (ed.), *International Intervention in the Balkans since 1995*, New York: Routledge, 2003.
Siddigi A. R., "UN Dilemma: Peacekeeping or Peace-Enforcement?", *Defence Journal*, Vol. 20, No. 9-10, 1994.
Simonsen S. G., "Nationbuilding as Peacebuilding: Racing to Define the Kosovar", *International Peacekeeping*, Vol. 11, No. 2, Summer 2004.
Stegenga J. A., "Peacekeeping: Post-Mortems or Previews?", *International Organization*, Vol. 27, No. 3, Summer 1973.
Takai S., "Several States' Attitude towards UN Peacekeeping Operations", *Journal of International Law and Diplomacy* (Tokyo), Vol. 91, No. 4, 1992.
Terriff T. and Keeley J. F., "The United Nations, Conflict Management and Spheres of Interest", *International Peacekeeping*, Vol. 2, No. 4, Winter 1995.
Thadoor S., "Should UN Peacekeeping Go 'Back to Basic'?", *Survival*, Vol. 37, No. 4, 1995.
The Economist, 30 April 1994.
The Financial Times, 11 January 1994.
The La'o Hamutuk Bulletin, Vol. 3, No. 6, August 2002.

The Washington Post, 7 May 1993.
Tschirgi N. "Post-Conflict Peacebuilding Revisited : Achievements, Limitations, Challenges", presentation paper for the WSP International/IPA Peacebuilding Forum Conference, 7 New York, October 2004.
UN Document A/RES/55/2, *United Nations Millennium Declaration*, 18 September 2000.
UN Document A/47/277-S/24111, *An Agenda for Peace : Preventive diplomacy, peacemaking and peace-keeping*, 17 June 1992.
UN Document A/50/60-S/1995/1, *Supplement to An Agenda for Peace*, Position Paper of the Secretary-General on the Occasion of the Fifteenth Anniversary of the United Nations, 3 January 1995.
UN Document A/55/305-S/2000/809, *Report of the Panel on United Nations Peace Operations*, 21 August 2000.
UN Document A/59/565 *Report of the Secretary-General's High-level Panel on Threats, Challenges and Change*, 2 December 2004.
UN Document A/59/2005, *In Larger Freedom : towards development, security and human rights for all*, 21 March 2005.
UN Document S/Res/794 (1992), 3 December 1992.
UN Document S/Res/929 (1994), 22 June 1994.
UN Document S/Res/934 (1994), 30 June 1994.
UN Document S/Res/940 (1994), 31 July 1994.
UN Document S/Res/1031 (1995), 15 December 1995.
UN Document S/Res/1100 (1997), 28 March 1997.
UN Document S/Res/1125 (1997), 6 August 1997.
UN Document S/Res/1368 (2001), 12 September 2001.
UN Document S/Res/1373 (2001), 28 September 2001.
UN Document S/Res/1701, 11 August 2006.
United Nations, *The Blue Helmet : A Review of United Nations Peace-keeping* (New York : United Nations, 1996).
Urquhart B., *Hammarskjold* (London : The Bodley Head, 1972).
Urquhart B., "International Peace and Security : Thought on the Twentieth Anniversary of Dag Hammarskjold Death", *Foreign Affairs*, Vol. 60, No. 1, 1981.
Viotti P. and Kauppi M., *International Relations Theory : Realism, Pluralism, Globalism*, 石坂菜穂子（訳）『国際関係論－現実主義・多元主義・グローバリズム』彩流社, 2003年。
Wainhouse D. W., *International Peacekeeping at the Crossroad* (Baltimore : The John Hopkins University, 1973).
Wallensteen P (ed.), *Sweden at the UN* (Stockholm : Svenska Instituet, 1996).

William H., *International Relations in Political Theory* (Buckingham : Open University Press, 1992).

Zakhilwal O., "State-building in Afghanistan : A Civil Society Approach", Economic Reform Future Service, Center for International Private Enterprise (CIPE), April 7 2005.

索　引

[A-Z]

Economic and Social Council ……54
ERRF ……………………………35
General Assembly………………52
International Court of Justice …56
IRA ……………………………135
ISAF ……………………………98
KFOR …………………………103
MINUSTAH ……………………152
NATO …………………………102
ODA ……………………………171
ONUB …………………………163
ONUC ………………87, 119, 121
ONUCA ………………………127
ONUMOZ ……………………144
ONUSAL ………………………127
PKO参加5原則 ………142, 150
PKO法 …………………………143
Security Council ………………53
Trusteeship Council ……………55
UNAMIR ………………………29
UNAVEM Ⅲ ……………………94
UN Charter ……………………58
UNDOF ………………………129
UNEF Ⅰ ………………………121
UNEF Ⅱ ………………85, 121
UNFICYP ……………………119
UNIFIL ……………101, 121, 129
UNIPOM ………………………87
UNITAF ………………………99
UNMIH ………………………128
UNMIK ………………………168
UNMIL ………………………163
UNMISET ……………………78
UNMIT ………………………102
UNMOGIP ……………81, 121
UNOCI ………………………163
UNOGIL ………………………75
UNOSOM Ⅱ ……………99, 116
UNOTIL ………………………102
UNPROFOR ……………27, 91
UNTAET ……………………159
UNTAG ………………………122
UNTEA ………………………157
UNTSO ……………81, 121, 128

[あ]

アイルランド …………………135
明石康 …………………144, 146
アメリカ ………………………20
　――同時多発テロ ……………97
アラン・ジェイムス ……73, 85, 116
安全保障理事会 ………………53, 61
イラク …………………………25, 141
インド …………………………22, 132
ヴェルサイユ条約 ………………49
ウ・タント ……………………83, 132

エリツィン……………………133, 134
小沢一郎………………………142
オーストリア…………………119
オーナーシップ………………166
オブザベーションポスト………71

[か]

核抑止……………………………17
カシミール地方………………135
過剰展開………………………100
カティンの森事件………………50
カナダ…………………………117
ガメル・ナセル…………………70
カルザイ大統領………………175
カント……………………………10
カンボジア……………………145
北大西洋条約機構……………102
9.11テロ………………………149
旧ユーゴスラビア………………27
京都議定書………………………35
拒否権………………………67, 88
グアンタナモ…………………178
クウェート………………………25
クメール・ルージュ…………145
グリーンパトロール……………78
クルト・ワルトハイム………132
軍事監視団………………………77
軍事制裁…………………………62
君主論……………………………6
経済社会理事会…………………54
現実主義…………………………6
合意………………………………73
国益…………………18, 116, 136, 150
国際機構…………………………4
国際司法裁判所…………………56

国際治安支援部隊………………98
国際通貨基金…………………173
国際平和協力法………………143
国際連合…………………………49
国連インド・パキスタン監視団………87
国連インド・パキスタン軍事監視団
　　……………………………81, 121
国連エルサルバドル監視団…127
国連キプロス平和維持隊……119
国連休戦監視機構………81, 121, 128
国連旧ユーゴスラビア国際戦犯法廷…43
国連憲章…………………………58
――第7章………………80, 102
国連コソボ暫定行政ミッション…168
国連コートジボワール活動…163
国連コンゴ民主共和国ミッション……163
国連暫定行政機構……………157
国連事務総長……………………64
国連人権高等弁務官事務所…178
国連総会…………………………52
国連中心主義………………140, 151
国連中米監視団………………127
国連ナミビア支援グループ…122
国連ハイチ安定化ミッション…152
国連ハイチ・ミッション……128
国連東ティモール暫定統治機構…159
国連東ティモール事務所……102
国連東ティモール統合ミッション……102
国連東ティモールミッション…78
国連ブルンジ活動……………163
国連兵力引き離し監視隊……129
国連保護隊…………………27, 91
国連ミレニアム宣言…………165
国連モザンビーク活動………144
国連リベリアミッション……163

索引　207

国連ルワンダ支援団 …………………29
国連レバノン監視団 …………………75
国連レバノン暫定軍 …………………129
国連レバノン暫定隊 ……………101, 121
コソボ治安維持部隊 …………………103
国家 ……………………………………3
　　──主権 ……………………………3
コフィ・アナン …………………90, 101
コンゴ国連軍 …………87, 119, 121, 128

[さ]

災害救援 ………………………………151
最小限の武装 …………………………73, 186
サダム・フセイン ……………………25
サンフランシスコ会議 ………………51
持続可能な開発 ………………………162
囚人のジレンマ ………………………13
常任理事国 ……………54, 61, 129, 144
真実和解委員会 ………………………176
信託統治理事会 ………………………55
人道の介入 ………………………36, 43, 189
人道的危機 ……………………………41
スエズ危機 ……………………………69
スハルト大統領 ………………………127
スレブレニッツア ……………………38
政府開発援助 …………………………171
世界銀行 ………………………………173
世界の警察官 …………………………23, 121
先進国首脳会議（サミット）…………9
ソマリア統一機動隊 …………………99

[た]

第1次国連緊急隊 ……………………121
大国一致の原則 ………………………61
第3次国連アンゴラ監視団 …………94

第3世代PKO …………………………89
第2次国連緊急隊 ………………85, 121
第2次国連ソマリア活動 ……………99
第2次ソマリア活動 …………………116
第2世代PKO …………………………89
ダグ・ハマショールド ………………70
地域機構 ………………………………4
地域統合 ………………………………31
チェックポイント ……………………77
チトー …………………………………125
中国 ……………………………………21
中立 ……………………………………73, 186
　　──国家 …………………………119
敵国条項 ………………………………52
テロリスト ……………………………5, 97
ドイツ …………………………………129
当事者の合意 …………………………186
ドナー …………………………………160
ドミノ理論 ……………………………31

[な]

内政不干渉 ……………………………59
ニキタ・フルシュチョフ ……………86
人間の安全保障 …………36, 43, 161, 189

[は]

ハイチ …………………………………152
パキスタン ……………………………132
橋本龍太郎 ……………………………144
ハマショールド ………………………131
バングラディシュ ……………………132
東ティモール …………………………148
非常任理事国 …………………………54, 61
非政府組織 ……………………………4
ビル・クリントン ……………………29

ファシズム …………………………49
ブッシュ（父）大統領 …………26, 141
ブッシュ大統領……………………175, 178
ブトロス・ガリ ………………89, 143, 159
ブライアン・アークハート ……………67
ブラヒミレポート …………93, 165, 187
フリーライダー ……………………122
ブルーパトロール …………………78
平和維持隊 …………………………77
平和構築……………………………157
　───委員会……………………166
平和執行部隊………………………89, 90
平和創造……………………………159
平和のためのパートナーシップ………129
平和への課題 ……………………89, 159
　───の補填 ……………………93
ヘゲモニー…………………………122
ベトナム戦争 ………………………37
ペレス・デクレアル………………132
貿易制裁 ……………………………62
保護する責任 ……………………36, 189
ボスニア和平協定 …………………28
ホッブス……………………………7
ポーランド…………………………128
ポール・クーリア …………………40, 162
ホロコースト ………………………50

[ま]

マイケル・ピュー …………………167
マキャベリ …………………………6
マレーシア …………………………124
ミドルパワー ……………114, 117, 118
宮澤喜一 ……………………………141
ミレニアム開発目標 ……………42, 166
民族浄化政策 ………………………27
メアリー・ロビンソン ……………172
メディア ……………………………5
メデレイン・オルブライト …………123

[や]

良い統治……………………………163
予防外交……………………………159
ヨーロッパ迅速展開軍 ……………35

[ら]

ラフダール・ブラヒミ ……………169
理想主義 ……………………………8
ルワンダ ……………………………29
レスター・ピアソン ………70, 81, 133
ロック ………………………………9
ローラン・パリス …………………174

《著者紹介》

石塚勝美（いしづか・かつみ）

1964 年　埼玉県春日部市生まれ
1987 年　獨協大学外国語学部英語学科卒業
1996 年　英国ノッティンガム大学院修士号（国際関係学）取得
2000 年　英国キール大学院博士号（国際関係学）取得
2001 年　共栄大学国際経営学部専任講師を経て
現　在　同大学教授

主要著書

Ireland and International Peacekeeping Operations 1960-2000（単著・London: Frank Cass, 2004）
『国連 PKO と平和構築』（単著・創成社, 2008 年）
The History of Peace-building in East Timor（単著・New Delhi: Cambridge University Press India, 2010）
『入門国際公共政策』（単著・創成社, 2014 年）
『ケースで学ぶ国連平和維持活動』（単著・創成社, 2017 年）
UN Peace Operations and Asian Security（共著・New York: Routledge, 2005）
Japan, Australia and Asia-Pacific Security（共著・New York: Routledge, 2006）
Providing Peacekeepers（共著・Oxford: Oxford University Press, 2013）

（検印省略）

2011 年 3 月 25 日　初版発行
2013 年 3 月 25 日　二刷発行
2015 年 10 月 20 日　三刷発行
2018 年 3 月 25 日　四刷発行
2021 年 3 月 25 日　五刷発行

略称－PKO と政治

国連 PKO と国際政治
―理論と実践―

著　者　石　塚　勝　美
発行者　塚　田　尚　寛

発行所　東京都文京区春日 2-13-1　株式会社　創　成　社

電　話　03（3868）3867　　ＦＡＸ　03（5802）6802
出版部　03（3868）3857　　ＦＡＸ　03（5802）6801
http://www.books-sosei.com　振　替　00150-9-191261

定価はカバーに表示してあります。

©2011 Katsumi Ishizuka
ISBN978-4-7944-4058-7 C3036
Printed in Japan

組版：緑舎　印刷：エーヴィス・システムズ
製本：カナメブックス
落丁・乱丁本はお取り替えいたします。

―― 経済学選書 ――

国連PKOと国際政治 ― 理論と実践 ―	石塚 勝美 著	2,300円
東アジア経済発展論 ― 東アジア共同体形成にむけて ―	三木 敏夫 著	3,200円
入門経済学	飯田 幸裕 岩田 幸訓 著	1,700円
マクロ経済学のエッセンス	大野 裕之 著	2,000円
消費税10%上げてはいけない！	大矢野 栄次 著	1,600円
マニフェストから学ぶ経済学	大矢野 栄次 著	1,600円
例題で学ぶ統計的方法	井上 洋 野澤 昌弘 著	3,000円
基本統計学	田中 正二郎 川村 博和 著	3,000円
国際経済学の基礎「100項目」	多和田 眞 近藤 健児 編著	2,500円
ファーストステップ経済数学	近藤 健児 著	1,600円
国際公共経済学 ― 国際公共財の理論と実際 ―	飯田 幸裕 大野 裕之 寺崎 克志 著	2,000円
福祉の総合政策	駒村 康平 著	3,000円
Excelで学ぶ人口経済学	大塚 友美 著	1,800円
実験で学ぶ経済学	大塚 友美 著	2,600円
ボーダーレス化の政治経済学	大塚 友美 著	2,330円
日本の財政	大川 政三 大森 誠司 江川 雅司 池田 浩史 久保田 昭 著	2,800円
財政学	小林 威 監修	3,200円
経済用語の総合的研究	木村 武雄 著	2,000円
マクロ経済学	石橋 春男 関谷 喜三郎 著	2,200円
ミクロ経済学	関谷 喜三郎 著	2,500円

（本体価格）

―― 創成社 ――